Couverture inférieure manquante

Début d'une série de documents en couleur

LITTÉRATURE

ET

PHILOSOPHIE

PAR

ÉMILE FERRIÈRE

PARIS

LUCIEN MARPON, LIBRAIRE-ÉDITEUR

GALERIES DE L'ODÉON, 4, 5, 6 ET 7

1865

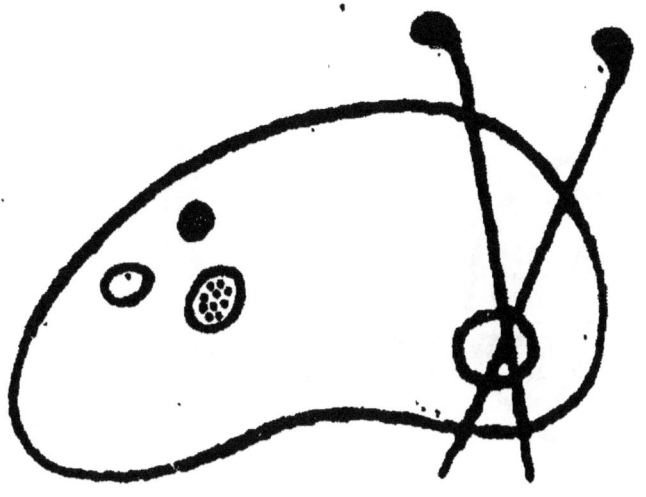

Fin d'une série de documents
en couleur

LITTÉRATURE
ET
PHILOSOPHIE

PARIS
IMPRIMERIE BALITOUT, QUESTROY ET C°
3, Rue Neuve-des-Bons-Enfants.

LITTÉRATURE

ET

PHILOSOPHIE

PAR

ÉMILE FERRIÈRE

PARIS

MARPON, LIBRAIRE-ÉDITEUR

GALERIE DE L'ODÉON

1865

AVERTISSEMENT

Voici un petit recueil de sujets assez divers empruntés, soit à la littérature, soit à la philosophie. Quelques-uns demanderaient, à eux seuls, un volume entier de développements. Toutefois j'espère qu'on trouvera le résumé assez complet pour faire naître, sinon la conviction, du moins des réflexions sérieuses. Le seul mérite que tous peuvent également revendiquer, c'est d'avoir été traités avec une sincérité et une indépendance absolue.

LITTÉRATURE
ET
PHILOSOPHIE

LA PHILOSOPHIE DE LA NATURE DANS BUFFON ET DANS BERNARDIN DE SAINT-PIERRE.

« Le sentiment qu'on a de la nature physique extérieure et de tout le spectacle de la création appartient sans doute à une certaine organisation particulière et à une sensibilité individuelle; mais il dépend aussi beaucoup de la manière générale d'envisager la nature et la création elle-même, de l'envisager comme création ou comme forme variable d'un fond éternel. » (Sainte-Beuve.)

C'est, en effet, à ces deux solutions qu'aboutit toute philosophie de la nature. La nature a-t-elle été créée, ou est-elle créatrice? Telle est la question suprême que se pose le philosophe naturaliste. Et il essaye de résoudre le problème dans le domaine matériel, comme le métaphysicien le fait dans la sphère des idées pures. La science de l'homme est complète lorsqu'il a disposé en un système unique la théorie du naturaliste et celle du métaphysicien.

Toutefois il ne faut pas demander à Buffon ni à Bernardin de Saint-Pierre ce qu'ils n'ont point voulu faire, un traité didactique de philosophie où leurs théories soient rigoureusement et explicitement exposées. Tel n'était pas leur but. Mais comme, tous les deux, ils ont étudié la nature et l'ont diversement comprise, c'est ce point de vue personnel qu'il s'agit de mettre en lumière. Leur philosophie de la nature est dans l'esprit général qui anime leurs œuvres, et qui çà et là se trahit par des éclairs.

§ 1ᵉʳ. BERNARDIN DE SAINT-PIERRE. — Il est difficile de ranger les ouvrages de Bernardin de Saint-Pierre dans un genre bien déterminé. Ce n'est pas de la science pure, ni de la philosophie, ni de la religion ni de la morale, et c'est un peu de tout cela à la fois. Ce caractère multiple tient au génie même de Bernardin, à son éducation, au milieu où il a vécu. C'est une âme éprise de la nature qu'il étudie plutôt avec l'œil d'un ami qu'avec celui du savant. Bernardin n'a pas l'aile assez vigoureuse pour s'élever au-dessus du Dieu personnel de la tradition, mais il doit au siècle où il vivait et à Jean-Jacques Rousseau qu'il a fréquenté, l'honneur de s'être affranchi du joug du catholicisme. Venu cent ans plus tôt, il eût glissé dans le mysticisme. Madame Guyon lui eût enseigné le pur amour, et l'eût fait entrer dans le chœur que conduisait Fénelon. Ses prédilections sont pour les théories chimériques, mais pleines de poésie, écloses dans l'Orient. Le jésuite Paul a laissé son empreinte sur l'esprit de Bernardin; mais il y a aussi en lui du Brahmine. Son penchant à la rêverie l'entraîne jusqu'à faire voyager les âmes de planète en planète; et tandis que les prêtres avouent ne pas savoir où est situé le paradis, lui, hardiment, le place dans le soleil. A défaut d'autre avantage, les saints ont du moins celui d'y voir clair.

Bernardin de Saint-Pierre avait lu Platon; mais l'avait-il bien compris? Pour Bernardin il y a deux mondes distincts, qui ont chacun leur existence propre, indépendante. « Il y a des principes de mouvements actifs par eux-mêmes, qui s'unissent à des corps et qui échappent à tous nos sens, et même à nos raisonnements. Pourquoi n'y aurait-il pas aussi des principes de vie et d'intelligence qui existent par eux-mêmes, qui s'attachent à la matière, l'organisent, la font mouvoir, se propager, sentir, raisonner? Ils existent sans doute, car il y a des êtres matériels organisés qui se meuvent, se propagent, sont sensibles et raisonnables et ne sont plus que de la matière lorsqu'ils sont séparés de l'âme qui les anime..... Soyez donc certains que ce monde, comme l'a dit Platon, n'est qu'une ombre fugitive d'un autre monde habité par des êtres invisibles pour nous, mais bien supérieurs à nos âmes. » (*Harmonies*, 1er volume, page 304.)

Autre part il établit qu'il y a cinq âmes; l'âme élémentaire, l'âme végétative, l'âme animale, l'âme raisonnable et l'âme céleste. Puis il ajoute : « Ces âmes ont précédé les corps. Ce sont elles qui, dans le soin maternel, assemblent leurs parties organiques, leur donnent les formes, les développements et les proportions assignés à chaque espèce par l'Auteur de la nature. » (*Harmonies*, 2ᵉ volume, 335.)

A travers ces hypothèses on voit où doit aboutir la philosophie de la nature dans Bernardin de Saint-Pierre. Il y a deux principes distincts, irréductibles, l'esprit et la matière. L'un, antérieur à l'autre, le façonne, l'ordonne d'après des fins calculées. C'est donc la théorie des causes finales que défend et développe l'auteur des *Études* et des *Harmonies*. Il a soin de nous en prévenir dans le plan de son ouvrage. « Je réponds d'abord aux objections faites contre la Providence; j'examine ensuite l'existence de quelques sentiments qui sont communs à tous les hommes, et qui suffisent pour reconnaître dans tous les ouvrages de la nature les lois de sa sagesse et de sa bonté. Je fais ensuite l'application de ces lois au globe, aux plantes, aux animaux, à l'homme... Les instincts des animaux paraissent moins ordonnés à leur utilité propre qu'à celle de l'homme, et sont tantôt d'accord, et tantôt en opposition avec la nature du sol qu'ils habitent. Le porc gourmand se plaît à vivre dans les fanges dont il devait nettoyer l'habitation de l'homme, et le chameau sobre à voyager dans les sables arides de l'Afrique, inaccessibles sans lui aux voyageurs. Les appétits de ces animaux ne naissent point des lieux qu'ils habitent; car l'autruche, qui vit dans le même désert que le chameau, est encore plus vorace que le porc. Aucune loi de magnétisme, de pesanteur, d'attraction, d'électricité, de chaleur ou de froid ne gouverne le monde. Ces prétendues lois ne sont que des moyens particuliers. Nos sciences nous trompent, en supposant à la nature une fausse Providence. Elles mettent, à la vérité, des balances dans ses mains; mais ce ne sont pas celles de la justice, ce sont celles du commerce. Elles ne craignent pas d'écarter du cœur de l'homme le sentiment des qualités divines qui lui donne tant de force, et de rassembler sur son esprit des poids et des mouvements qui l'accablent. Elles mettent en opposition les carrés des temps et des vitesses, et elles négligent ces compensations admirables avec lesquelles la nature est venue au secours de tous les êtres en donnant les plus ingénieuses aux plus faibles, les plus abondantes aux plus pauvres, et en les réunissant toutes sur le genre humain, sans doute comme sur l'espèce la plus misérable. » (*Études*, 1ᵉʳ volume.)

L'idée des causes finales n'abandonne jamais Bernardin de Saint-Pierre; c'est pour lui la clef des phénomènes du monde, l'explication prochaine et suffisante de tout ce qui existe. « Le nectaire des fleurs contient une liqueur dont l'abeille doit faire la récolte : l'abeille était donc *prévue* par la Puissance qui a créé les fleurs. L'abeille a reçu quatre ailes, et la mouche ordinaire n'en a que deux : une intelligence divine avait donc *prévu* que l'abeille, butinant la cire et le miel, en chargerait ses pattes creusées en cuillers, et que quatre ailes lui seraient indispensables pour soutenir et transporter ce fardeau. L'abeille a été prévue parce qu'elle devait être utile à l'homme. » Toute la théorie de Bernardin de Saint-Pierre est renfermée dans cette ligne : « Dieu a fait les éléments, les plantes et les animaux pour l'homme, et l'homme pour lui. » (*Harmonies*, 1er volume page 20.)

Obsédé de cette pensée, Bernardin de Saint-Pierre voit des harmonies partout : harmonies célestes, harmonies terrestres, harmonies animales, harmonies d'un oignon avec la lune (volume 2e, page 307); il y a même les harmonies aquatiques de l'homme. Cette curieuse page est l'une des preuves les plus frappantes de la cécité d'esprit où peut jeter une théorie à outrance. « La nature, pour élever l'homme au-dessus des flots, s'est servie de plusieurs moyens. Elle a d'abord mis le corps entier en équilibre avec l'eau et surtout avec l'eau de mer, plus pesante d'un trente-deuxième. On en peut faire l'essai aisément dans un bain d'eau douce; car si on met le bras à sa surface, il surnage, et on ne l'enfonce point sans quelque effort. Si un homme tombe au fond d'une rivière, le plus faible mouvement le ramène au-dessus, et il s'y soutient seulement avec les mains. La nature a donné de plus à l'homme la facilité de tenir les organes de la respiration hors de l'eau, en plaçant sa tête sur les vertèbres du cou, comme sur des pivots, de sorte qu'il peut la renverser aisément en arrière; elle a mis ensuite immédiatement au-dessous du cou la poitrine, comme la partie la plus légère du corps par ses concavités et le viscère du poumon, afin qu'elle aidât la tête à se soulever; ensuite pour favoriser cet effet, elle a placé à l'extrémité du corps les parties les plus charnues et les plus pesantes, comme un contrepoids au bout d'un levier. On peut sans doute y ajouter encore le poids des mollets, des jambes et des pieds : de manière qu'un nageur pour se tenir tout droit dans l'eau, n'a, pour ainsi dire, qu'à s'y étendre ; car alors les pieds descendent et la tête s'élève. C'est sans doute parce que les femmes ont la partie inférieure du corps plus pesante que les hommes qu'elles nagent plus aisément; la nature vient toujours au secours du faible. L'art de nager est une source perpétuelle de plaisir, mais il sert encore plus à la vertu qu'à la volupté. Ulysse, fugitif de l'île de Calypso, abordant, malgré les tempêtes, parmi les rochers de l'île de la vertueuse Nausicaa, offre un spectacle plus intéressant que celui des Sirènes qui nageaient en chantant autour de son vaisseau. » (*Harmonies*, volume 2°, page 122.) En vérité, lorsqu'on voit l'abus d'un point de vue ingénieux poussé à un tel degré d'enfantillage, on est tenté de s'écrier dans la langue naïve de nos pères : « Bernardin, mon ami, il faut de l'harmonie, mais pas trop n'en faut. »

Peintre admirable de la nature qu'il fait sentir et aimer, Bernardin de Saint-Pierre, malgré son amour pour elle et malgré l'intime sentiment de sa fécondité, au fond ne voit en elle que l'instrument d'un être distinct, instrument destiné par lui à servir au bonheur de l'homme. La nature n'est pas réellement créatrice; elle n'est que dépositaire de la vie. Elle est comme un immense théâtre dont les décors factices font illusion au spectateur. Il n'y a de véritablement vivant que le machiniste caché, Dieu, et le spectateur fait à son image, l'homme. C'est pour celui-ci, pour son utilité et son plaisir que la scène et tout ce qui la remplit ont été créés, ordonnés. Bernardin de Saint-Pierre a refait le livre de Fénelon en faisant servir à la démonstration des causes finales les aperçus d'une science incomplète et conjecturale, l'onction d'une âme tendre et la magie d'un merveilleux pinceau. Grimm n'avait pas tout à fait tort lorsqu'à la publication des *Études sur la nature*, il écrivait à Catherine de Russie : « C'est un long recueil d'églogues, d'hymnes et de madrigaux en l'honneur de la Providence. »

§ 2°. BUFFON. — Ce n'est pas ainsi que Buffon contemplait la nature. Avec Bacon, il regardait les causes finales comme fatales à la science : « Ce n'est point par des causes finales que nous pouvons juger des ouvrages de la nature, nous ne devons pas lui prêter d'aussi petites vues, la faire agir par des convenances morales, mais examiner comment elle agit en effet, et employer pour la connaître tous les rapports physiques que nous présente l'immense variété de ses productions. » (Tome V, page 106.) Buffon étudie, observe, et son génie, dérobant ses secrets à la nature, découvre l'uniformité d'un plan général. « Prenant son corps pour le modèle physique de tous les êtres vivants, et les ayant mesurés, sondés, comparés dans toutes leurs parties, l'homme a vu que la forme de tout ce qui respire est à peu près la même, qu'en disséquant le singe on pouvait donner l'anatomie de l'homme; qu'en prenant un animal on trouvait toujours le même fond d'organisation, les mêmes sens, les mêmes viscères, les mêmes os, la même chair, le même mouvement dans les fluides, le même jeu, la même action dans les solides; il a trouvé dans tous un cœur, des veines et des artères; dans tous, les mêmes organes de circulation, de respiration, de digestion, de nutrition, d'excrétion, dans tous, une charpente solide, composée des mêmes pièces à peu près assemblées de la même manière; et ce plan toujours le même, toujours suivi de l'homme au singe, du singe aux quadrupèdes, des quadrupèdes aux cétacés, aux oiseaux, aux poissons, aux reptiles, ce plan, dis-je, bien saisi par l'esprit humain, est un exemplaire fidèle de la nature vivante, et la vue la plus simple et la plus générale sous laquelle on puisse la considérer; et, lorsqu'on veut l'étendre et passer de ce qui vit à ce qui végète on voit ce plan, qui d'abord n'avait varié que par nuances, se déformer par degrés des reptiles aux insectes, des insectes aux vers, des vers aux zoophytes, aux plantes; et quoique altéré dans toutes les parties extérieures, conserver néanmoins le même fond, le même caractère, dont les traits principaux sont la nutrition, le développement et la reproduction; traits généraux et communs à toute substance organisée, traits éternels et divins que le temps, loin d'effacer ou de détruire, ne fait que renouveler et rendre de plus en plus évident.... (Tome XIV, page 28.) Il semble que l'Être suprême n'a voulu employer qu'une idée et la varier en même temps de toutes les manières possibles, afin que l'homme pût admirer également et la magnificence de l'exécution, et la simplicité du dessein.» (Tome IV, page 379.)

A cette première vue Buffon en joint une autre qu'il emprunte à Aristote, celle de la gradation continue des êtres. Leibnitz l'avait reproduite, Buffon l'adopte et Bonnet après lui. « *Natura non facit saltus,* » la nature ne fait pas de saut, avait dit Linnée, « Les nuances imperceptibles, dit Buffon, sont le grand œuvre de la nature. Elle marche par des gradations inconnues. Elle passe d'une espèce à une autre espèce, et souvent d'un genre à un autre genre, par des nuances imperceptibles; de sorte qu'il se trouve un grand nombre d'espèces moyennes et d'objets mi-partis qu'on ne sait où placer. »

Voilà donc deux grandes idées qui appartiennent à la philosophie de la nature, telle que l'entendait Buffon. La nature travaille sur un plan uniforme; elle gradue les êtres en observant des nuances imperceptibles. Mais quelle loi régit la matière dont ces êtres sont composés? La matière change, elle est dans une mutation continuelle. Deux choses seules restent, la force et la forme. « Ce qu'il y a de plus constant, de plus inaltérable dans la nature, c'est l'empreinte ou le moule de chaque espèce; ce qu'il y a de plus variable et de plus corruptible, c'est la substance. »

(Tome VI, page 86.) L'individu meurt, l'espèce subsiste et la matière est indestructible. « L'organisation détruite, la vie éteinte ne sont pour la nature que des formes anéanties qui sont bientôt remplacées par d'autres formes ; la matière organique vivante survit à toute mort. A prendre les êtres en général, le total de la quantité de vie est toujours le même, et la mort, qui semble tout détruire, ne détruit rien de cette vie primitive et commune à toutes les espèces d'êtres organisés ; comme toutes les autres puissances subordonnées et subalternes, la mort n'attaque que les individus, ne frappe que la surface, ne détruit que la forme, ne peut rien sur la matière, et ne fait aucun tort à la nature, qui n'en brille que davantage ; qui ne lui permet pas d'anéantir les espèces, mais la laisse moissonner les individus et les détruire avec le temps pour se montrer elle-même indépendante de la mort et du temps, pour exercer à chaque instant sa puissance toujours active, manifester sa plénitude par sa fécondité, et faire de l'univers, en reproduisant, en renouvelant les êtres, un théâtre toujours rempli, un spectacle toujours nouveau ! » (Tome IV, page 438.)

C'est ainsi que travaille, dispose et se renouvelle la nature. Mais quelle est-elle, cette nature? Buffon va nous l'apprendre dans des pages où la splendeur du style égale la grandeur de l'idée, et qui sont comme l'éloquent résumé de toute sa doctrine. « La nature est le système des lois établies par le Créateur pour l'existence des choses et pour la succession des êtres. La nature n'est point une chose, car cette chose serait

2.

tout ; la nature n'est point un être, car cet être serait Dieu ; mais on peut la considérer comme une puissance vive, immense, qui embrasse tout, qui anime tout, et qui, subordonnée à celle du premier être, n'a commencé d'agir que par son ordre et n'agit encore que par son concours ou par son contentement. Cette puissance est, de la puissance divine, la partie qui se manifeste ; c'est en même temps la cause et l'effet, le mode et la substance, le dessein et l'ouvrage : bien différente de l'art humain dont les productions ne sont que des ouvrages morts, la nature est elle-même un ouvrage perpétuellement vivant, un ouvrier sans cesse actif, qui sait tout employer, qui, travaillant d'après soi-même, toujours sur le même fonds, bien loin de l'épuiser, le rend inépuisable ; le temps, l'espace et la matière sont ses moyens, l'univers son objet, le mouvement et la vie son but.

« L'attraction et l'impulsion sont les deux principaux instruments d'action de cette puissance. Avec de tels moyens que ne peut la nature ? Elle pourrait tout, si elle pouvait anéantir et créer ; mais Dieu s'est réservé ces deux extrêmes du pouvoir ; anéantir et créer sont les deux attributs de la toute-puissance ; altérer, changer, détruire, développer, renouveler, produire, sont les seuls droits qu'il ait voulu céder. Ministre de ses ordres irrévocables, dépositaire de ses immuables décrets, la nature ne s'écarte jamais des lois qui lui ont été prescrites ; elle n'altère rien aux plans qui lui ont été tracés, et dans tous ses ouvrages elle présente le sceau de l'Éternel : cette empreinte divine, prototype inaltérable des existences, est le modèle sur lequel elle opère, modèle dont tous les traits sont exprimés en caractères ineffaçables et prononcés pour jamais ; modèle toujours neuf, que le nombre des moules ou des copies, quelque infini qu'il soit, ne fait que renouveler. Tout a donc été créé et rien encore n'est anéanti ; la nature balance entre ces deux limites sans jamais approcher ni de l'une ni de l'autre. » (*Première vue.*)

§ 3°. CRITIQUE. — « Ceci est la nature en grand, » disait Buffon. Pour la voir ainsi, il faut du génie : Bernardin de Saint-Pierre n'avait que du talent. Buffon se trompe souvent ; mais dans ses systèmes les plus erronés, il y a toujours quelque chose de hardi qui élève l'esprit et fait naître les vastes pensées. Il a une force qui se communique, et, comme le dit M. Flourens, en mettant partout sous nos yeux le courage des grands efforts, il nous le donne. « Tout système n'est qu'une combinaison raisonnée, une ordonnance des choses ou des idées qui les représentent, et c'est le génie seul qui peut faire cette ordonnance, c'est-à-dire un système en tout genre ; parce que c'est au génie seul qu'il appartient de généraliser les idées particulières, de réunir toutes les vues en un faisceau de lumière, de se faire de nouveaux aperçus, de saisir les rapports fugitifs, de rapprocher ceux qui sont éloignés, d'en former de nouvelles analogies, de s'élever enfin assez haut et de s'étendre assez loin pour embrasser à la fois tout l'espace qu'il a rempli de sa pensée ; c'est ainsi que le génie seul peut former un ordre systématique des choses et des faits, de leurs combinaisons respectives, de la dépendance des causes et de ses effets; de sorte que le tout rassemblé, réuni, puisse présenter à l'esprit un grand tableau de spéculations suivies, ou du moins un vaste spectacle dont toutes les scènes se lient et se tiennent par des idées conséquentes et des faits assortis. » (Tome II, page 346.)

Bernardin de Saint-Pierre, poëte plutôt que savant, ne pouvait guère embrasser d'autre théorie que celle des causes finales, si propres à mettre en relief le côté moraliste et déclamateur de son talent. Son âme rêveuse et mystique, l'éducation religieuse de son enfance, tout le portait à s'arrêter à cette philosophie, la première qui s'offre à l'homme. « Il est naturel à l'homme, dit Gœthe, de se considérer comme le but de la création, de ne voir dans toutes les autres choses que ce qui se rapporte à lui, ce qui peut lui rendre service, lui être utile. Il s'empare du règne végétal et du règne animal, et, tout en dévorant les autres créatures, aliments que réclame son organisation physique, il reconnaît son Dieu et célèbre cette bonté d'un père qui pourvoit à ses besoins. Il retire le lait de la vache, le miel de l'abeille, la laine de la brebis, et assignant comme but aux objets ses goûts personnels, il s'imagine qu'ils ont été créés pour cette fin. C'est par rapport à lui, pense-t-il, que les moindres brins d'herbe ont leur raison d'être, et alors même qu'il ne discerne pas comment cela est, il se croit assuré de l'apprendre dans l'avenir.

« Cette manière de penser que l'homme emploie en général, il l'applique en particulier; il ne cesse de transporter aux sciences sa manière habituelle d'envisager la vie, ni de rechercher dans les diverses parties d'un être organique leur but et leur utilité.

« Ce procédé est bon pour quelque temps, et l'homme peut s'en accommoder jusqu'à un certain point dans les sciences. Mais bientôt il ira se heurter à des faits où l'impuissance d'un point de vue si mesquin se manifestera. C'est alors qu'il se verra enchevêtré dans une multitude de contradictions, s'il ne porte pas ses regards plus haut.

« Ces apôtres de la doctrine de l'utilité se plaisent à dire : « Les cornes du bœuf lui servent pour se défendre. » Je leur demanderai à mon tour : « Pourquoi la brebis n'en a-t-elle pas? Et, si elle en a, pourquoi sont-elles enroulées autour de ses oreilles, de telle sorte qu'elles ne lui servent à rien ? » C'est tout autre chose quand je dis : « Le bœuf se défend avec ses cornes parce qu'il les a. » La question du but, le pourquoi n'est nullement scientifique. L'esprit mieux éclairé se pose la question du comment. En effet, lorsque je dis : « Comment se fait-il que le bœuf ait des cornes? » cela me conduit à étudier son organisation, et m'apprend en même temps pourquoi le lion n'a et ne saurait avoir des cornes.

« C'est ainsi que le crâne de l'homme a deux endroits creux et vides. Avec le pourquoi l'on n'irait guère loin, mais avec le comment je découvre que ces cavités sont le reste du crâne animal ; que, dans les organisations secondaires, elles se trouvent en proportion plus forte, et n'ont pas disparu complètement dans l'homme malgré son élévation spécifique. » (*Entretiens de Gœthe et d'Eckermann*, page 283.)

Cuvier était partisan des causes finales. « Les espèces sont mutuellement nécessaires, les unes comme proie, les autres comme destructeurs et modérateurs de propagation. On ne peut pas se représenter raisonnablement un état de choses où il y aurait des mouches sans hirondelles, et réciproquement. » Mais Cuvier était un savant trop sensé pour se lancer dans les Harmonies à bride abattue de Bernardin de Saint-Pierre. La théorie des causes finales, sous sa plume, devient la loi des conditions d'existence. « L'histoire naturelle, dit-il, a un principe qui lui est particulier; c'est celui des conditions d'existence, vulgairement nommé des causes finales. Comme rien ne peut exister s'il ne réunit les conditions qui rendent son existence possible, les différentes parties de chaque être doivent être coordonnées de manière à rendre possible l'être total, non-seulement en lui-même, mais dans ses rapports avec ceux qui l'entourent. »

C'est au moyen de la loi des conditions d'existence ou loi des corrélations organiques que Cuvier a rétabli toutes les espèces perdues. Mais ainsi transformée, est-ce toujours la théorie des causes finales? Que disait l'ancienne théorie? Il y a de la lumière parce que nous avons des yeux; il y a des sons parce que nous avons des oreilles. Que dit la loi des corrélations organiques? « Tout dans l'œil est admirablement disposé pour voir la lumière. » Voilà le fait : il n'est pas prudent d'aller plus loin. La loi des corrélations a pour objet le comment et non pas le pourquoi : elle n'est donc pas la vieille théorie bannie de la science : « Point trop d'audace dans la pensée, disait E. Geoffroy Saint-Hilaire ; gardons-nous de faire engendrer la cause par l'effet ; restons les historiens de ce qui est. » Car si la fonction est la cause finale de l'organe, comment expliquer les organes sans fonction, les monstruosités ? Dira-t-on que le Dieu juste et bon a fermé les paupières de celui-ci afin qu'il fût aveugle ; qu'il a donné un crâne vide à celui-là afin qu'il fût crétin ? Un cause-finalier anglais se pâmait d'admiration sur la sagesse et la bonté souveraine qui avait muni un monstre fossile de dents tranchantes et d'ongles acérés pour déchirer aisément sa proie, sans s'inquiéter si les animaux croqués avaient le même enthousiasme pour la bonté et la sagesse du Créateur. Quant aux mouches et aux hirondelles de Cuvier, si un monarque s'amusait à créer des mouches pour les faire manger ensuite par les hirondelles, il faudrait l'enfermer dans une maison de fous. C'était si simple de ne faire ni mouches ni hirondelles ! Le savant étudie la structure de la mouche, celle de l'hirondelle. Comment l'hirondelle peut manger la mouche, voilà ce qui l'intéresse, et non le pourquoi. « Cuvier, le grand naturaliste, dit Gœthe, est admirable par son talent d'exposition et son style. Personne n'expose les faits mieux que lui ; mais il ne possède à peu près aucune philosophie. Il fera peut-être des élèves fort instruits, mais il en aura peu de profonds. » (*Entretiens de Gœthe et d'Eckermann*.)

La doctrine des causes finales est jugée et condamnée dans la science. A la formule : « La fonction est la cause finale de l'organe, » a été substituée celle-ci : « La fonction est l'effet de l'organe. » Elle a l'avantage d'embrasser la loi des corrélations organiques sans se heurter contre d'insolubles objections. La théorie des causes finales peut fournir quelques ingénieux développements au moraliste et au théologien; mais elle est stérile pour la science, propre à fermer au savant le livre de la nature et à le jeter dans des spéculations aussi futiles qu'insensées. C'est ce qui est arrivé à Bernardin de Saint-Pierre. Il a aimé la nature parce qu'elle est belle aux yeux du poëte; mais, au fond, il n'a vu en elle qu'un canevas merveilleusement brodé, une brillante tapisserie fabriquée pour l'homme par un artiste invisible. « Un paysage, disait-il, est le fond du tableau de la vie humaine. » Il n'en a vu et senti que l'extérieur, le reste lui a échappé.

Combien différente est la philosophie de Buffon! Quelle vue profonde et vraie sur la nature! C'est le coup d'œil du génie. Ce n'est pas que tout soit exact dans cette vue d'ensemble. Non, la science contemporaine a corrigé bien des détails; mais ce ne sont que des détails; la grande idée est restée victorieuse, elle domine la science et la philosophie.

L'uniformité du plan de la nature que Buffon avait

entrevue devient le fondement de la théorie de Geoffroy Saint-Hilaire. Il féconde cette idée, il l'agrandit : ce n'est plus seulement l'uniformité de plan, c'est l'unité de composition organique. Si l'illustre naturaliste, à qui manqua le temps d'étendre ses travaux, n'a pu démontrer avec une certitude absolue l'unité de plan pour les animaux sans vertèbres, du moins l'a-t-il prouvée pour les vertébrés. C'est une vérité, l'une des plus belles et des plus fécondes des sciences naturelles. Le débat entre Cuvier et Geoffroy Saint-Hilaire n'avait porté que sur un point particulier, le système osseux. « Ce n'était pas avoir saisi ni traité la question entière. L'unité de règne ne réside pas dans les organes, mais dans les fonctions. Il y a un fonds commun d'organisation qui fait l'unité du règne. On trouve dans le polype sensibilité, mouvement, nutrition, reproduction, etc.; et tout cela dans un tissu en apparence homogène. Peu à peu les parties sensibles, les parties motrices, les parties de nutrition, de reproduction, etc., les nerfs, les muscles, l'organe digestif, les organes reproducteurs se démêlent et se manifestent. Toutes les variations arrivent, mais toujours sur ce fonds commun, sur ces premiers germes. Plus on étudie les animaux, plus on leur trouve de différences; mais plus aussi on leur trouve de ressemblances. » (Flourens, *Travaux de Cuvier*, page 278.) Les différences séparent les animaux en genres et en espèces; les ressemblances établissent l'unité de règne.

Lorsque Buffon adopta la loi de continuité de

Leibnitz et d'Aristote, Réaumur faisait déjà ses réserves : « Que veut-on dire, s'écriait-il en discutant les paroles mêmes de Buffon, que veut-on dire lorsqu'on nous annonce que la nature marche par des gradations inconnues...... qu'elle passe d'une espèce à une autre espèce, et souvent d'un genre à un autre genre par des nuances imperceptibles? Veut-on dire que, dans le spectacle que la nature nous offre, elle nous présente une suite d'animaux qui diminuent de perfection dans leur organisation, de manière que nous confondons aisément les espèces moins parfaites de ces animaux avec les simples végétaux?... J'entends cela; mais je n'y vois point d'autre mystère, sinon que nos yeux ne peuvent suivre le travail de la nature dans la dernière perfection. Car de penser que le polype à bouquets qui ressemble à une fleur, que tous ces polypes, dis-je, aient une construction qui ne diffère que très-peu d'une plante, d'une fleur, c'est assurément ce qu'on ne me fera pas croire. Tant que je verrai à un corps des mouvements spontanés, une sorte d'industrie, une adresse à se dérober à tout ce qui tend à le détruire, un art pour se procurer de la subsistance, la faculté de changer de place, je ne verrai qu'un animal; et, entre cet animal et une plante quelconque, j'apercevrai une ligne très-forte et très-sensible. » (*Lettres à un Américain*.)

Tant que l'on reste dans l'un des grands embranchements du règne animal, il y a des gradations continues. Il y a des nuances graduées d'un animal vertébré à un autre; mais d'un vertébré à un mollusque, d'un mollusque à un insecte, d'un insecte à un zoophyte, ce ne sont plus des nuances graduées, les changements sont brusques. Lorsqu'on passe d'un règne à un autre, il y a plus que des changements brusques, il y a addition d'un principe. L'échelle des êtres n'est donc pas continue au sens rigoureux que lui donnaient Buffon et surtout Bonnet. Il y a interruption, hiatus ; Réaumur ne faisait, dans sa critique, que devancer Cuvier : « Quoiqu'il y ait des cas, dit Cuvier, où l'on observe une sorte de dégradation et de passage d'une espèce à une autre qui ne peut être niée, il s'en faut de beaucoup que cette disposition soit générale. L'échelle prétendue des êtres n'est qu'une application erronée à la totalité de la création, de ces observations partielles qui n'ont de justesse qu'autant qu'on les restreint dans les limites où elles ont été faites. » (*Règne animal*, tom. I*er*, page XXI.)

S'il n'y a pas échelle continue, au fond il y a gradation, progrès. La plante, qui vit et se reproduit, est supérieure au minéral ; elle le cède à son tour à l'animal, et l'animal à l'homme. Chaque effort de la nature a fait apparaître sur la terre des êtres d'une organisation supérieure à celle des êtres qui les avaient précédés ; et si l'addition d'un nouveau principe trace entre les différents règnes naturels une ligne de démarcation infranchissable, il n'en est pas moins vrai qu'ils attestent dans leur composition et leur structure une échelle ascendante, conséquence inévitable de l'unité de dessein.

C'est ainsi que Buffon pénétrait les secrets de la

nature. L'un des plus beaux qu'il lui ait ravis, c'est la mutation continuelle de la matière, et la permanence de la force. Il n'est pas de vérité que les physiologistes aient su établir avec plus d'évidence. Cuvier semble s'être plu à développer cette grande idée : « Dans les corps vivants, aucune molécule ne reste en place; toutes entrent et sortent successivement : la vie est un tourbillon continuel dont la direction, toute compliquée qu'elle est, demeure constante, ainsi que l'espèce des molécules qui y sont entraînées, mais non les molécules individuelles elles-mêmes; au contraire, la matière actuelle du corps vivant n'y sera bientôt plus, et cependant elle est dépositaire de la force qui contraindra la matière future à marcher dans le même sens qu'elle. Ainsi la forme de ces corps leur est plus essentielle que leur matière, puisque celle-ci change sans cesse, tandis que l'autre se conserve. » (*Rapport historique*, page 200.) Aux yeux de la philosophie contemporaine, pour qui le monde est un perpétuel devenir, la découverte de cette grande loi est l'un des plus beaux titres de Buffon à la gloire.

Du reste, la philosophie n'a pas de la nature entière une autre conception que celle que Buffon a développée avec une incomparable magnificence. Mais aussi rien n'a soulevé autant de critiques que cette définition de la nature. On a d'abord relevé les acceptions diverses que Buffon a données au mot nature. Tantôt c'est un ensemble de lois, tantôt c'est un être idéal auquel on a coutume de rapporter comme cause tous les phénomènes de l'univers. Puis on l'a montré qui suppose à cet être idéal des vues, des projets, des erreurs, des caprices. On a cité entre autres cet éloquent passage : « Il semble que quand la nature *essayait* toutes les puissances de sa première vigueur, et qu'elle *ébauchait* le plan de la forme des êtres, ceux en qui les proportions d'organe s'unirent avec la faculté de se reproduire ont été les seuls qui se soient maintenus; elle ne put donc adopter à perpétuité toutes les formes qu'elle avait tentées; elle *choisit* d'abord les plus belles pour en composer le tout harmonieux des êtres qui nous environne; mais au milieu de ce magnifique spectacle, quelques productions négligées et quelques formes moins heureuses jetées comme des ombres au tableau, paraissent être les restes de ces dessins mal assortis. » (Tom. VIII, page 115.) Voilà donc, dit-on, un être idéal qui essaye, qui ébauche, qui choisit. Cette objection est plus spécieuse que justement fondée. On oublie que Buffon ne veut point exposer un système de philosophie, mais dérouler à nos yeux le tableau de l'univers. On oublie surtout que Buffon est un écrivain autant qu'il est un savant; et qu'en cette qualité il essaye, par de vives images empruntées à la nature humaine, de faire sur des esprits humains une plus profonde impression. Il ne recourt point au langage sec et abstrait de la métaphysique que la foule n'aurait pas compris, mais à celui de l'imagination, le seul qui soit goûté de tous. Il n'est donc point permis d'arguer contre la

3.

pensée de Buffon ce qui n'est qu'un artifice de style.

Mais les objections les plus graves portent sur le fond même de la définition. Ainsi définie, dit-on, la nature n'est qu'un mot ; c'est sous le nom de nature se représenter le Créateur lui-même. De plus, elle ne peut pas être en même temps la cause et l'effet, l'ouvrage et l'ouvrier. L'ouvrier, c'est Dieu ; l'ouvrage, c'est la nature : voilà la vérité.

Il faut avouer que la première objection est fondée. Mais la conséquence à en tirer est loin d'être la même. Il ne peut pas exister deux puissances souveraines. Si la nature est distincte de Dieu, elle ne peut pas être cette puissance immense, qui embrasse tout, qui anime tout. Aussi n'y a t-il qu'une puissance suprême. Dieu et la nature sont ses deux noms, et ces deux noms appartiennent au même être. Quand l'Être universel est envisagé comme cause idéale, il s'appelle Dieu. Lorsque nous le regardons dans sa réalité concrète, nous le nommons nature ou monde. Si Buffon semble être tombé dans le dualisme, il faut imputer cette contradiction apparente au malheur du temps où il a vécu, et non pas à une défaillance de son génie. Lui-même a dévoilé son intime pensée dans ces paroles adressées à Héraut de Séchelles, et que celui-ci a léguées à l'histoire : « J'ai toujours nommé le Créateur ; mais il n'y a qu'à ôter ce mot et mettre à la place la puissance de la nature. » Buffon n'avait aucun goût pour le martyre. Ce n'était pas un apôtre, c'est-à-dire un homme de guerre ; c'était un savant paisible qui aimait le repos autant que la vérité. Aussi prenait-il ses précautions contre les fureurs du fanatisme. Aujourd'hui même, après notre immortelle révolution, après tant de conquêtes sur l'ignorance et la superstition, n'y a-t-il pas danger à s'écarter des voies strictes de l'orthodoxie? Aux yeux du vulgaire, un panthéiste est encore un fou ou un scélérat. Ce n'est donc pas Buffon qu'il faut critiquer d'avoir voilé sa pensée; c'est la folie méchante des hommes qu'il faut plaindre d'avoir contraint un Buffon à dissimuler la vérité.

« Si Dieu a fait l'homme à son image, disait un philosophe, l'homme le lui a bien rendu. » C'est, en effet, par là qu'a commencé la pensée humaine : la nature est un ouvrage, et Dieu son fabricateur. « Mais, dit Gœthe, un esprit attentif se heurte bientôt à des imperfections, à des contrastes, qui le jettent dans le doute et même dans le désespoir, à moins qu'il ne soit assez médiocre pour se laisser amuser par un faux-fuyant habile, ou assez grand pour se placer à un point de vue plus élevé. » (*Entretiens avec Eckermann.*) Les Bernardin de Saint-Pierre se laissent amuser par les faux-fuyants; les Buffon, avec le puissant essor du génie, s'élèvent dans les régions supérieures d'où ils jettent sur l'univers le regard perçant de l'aigle. Le Dieu qu'ils cherchent et qu'ils trouvent, n'est pas le Dieu utile, mais le Dieu vrai. Le Dieu personnel et créateur ne résiste pas à leur pénétrante analyse. Aux lumières de la science disparaissent les fantômes de l'imagination, comme les légers brouillards aux rayons du soleil d'été. L'être universel n'est point en dehors de l'univers. Rien n'a été créé, rien n'est anéanti : il n'y a que des changements de formes réglés par des lois universelles et constantes. « Ces lois se rapportent à la constitution, au développement des êtres et des systèmes d'êtres dont l'univers se compose. La première loi, celle d'attraction, régit à la fois le monde physique et le monde moral. Si l'attraction physique se manifeste par la gravitation des corps, par l'affinité et la cohésion, l'attraction morale se manifeste par les sentiments, les instincts d'amour, d'amitié, de famille, de sociabilité, de solidarité, de communauté. Si la première organise les corps et harmonise les sphères célestes, la seconde fait l'unité organique des peuples, des sociétés, des races, de l'humanité entière. La loi d'impulsion, ou mieux d'expansion, fait équilibre à la loi d'attraction, soit dans le monde physique soit dans le monde moral. Dans la nature, elle se manifeste par la force centrifuge, par l'élasticité des corps, par toutes les forces qui tendent à l'excentricité, à la diffusion. Dans l'humanité, elle se montre par les sentiments, les instincts, les idées de conservation et d'activité individuelle, de liberté, de dignité et de justice personnelle.

« Les deux lois d'attraction et d'expansion ont rapport à la constitution des êtres. Une troisième loi, celle du progrès, se rapporte à leur développement. A toutes ses phases et dans toutes ses directions, l'Être universel procède du simple au composé, de l'inorganique à l'organique, du moindre être à l'être plus complet. Tout mouvement de la nature ou de l'humanité, de règne en règne, d'époque en époque, est signalé par un accroissement d'être et de vie. La loi du progrès relie entre eux les êtres, les époques, les règnes de la vie universelle, de manière à en former une immense chaîne non interrompue. Ainsi tout concourt, tout conspire, tout tend à l'union, à l'harmonie, à la composition, à l'organisation, parce que tout est un. » (Vacherot. — *Métaphysique et Science passim.*)

Voilà ce que Buffon a entrevu dans le domaine qui lui était propre, celui des sciences naturelles. C'est là sa gloire comme philosophe. En gravant sur le socle de sa statue l'inscription qui perpétue leur enthousiaste admiration; *Majestati naturæ par ingenium*, les contemporains n'ont point tant trahi la vérité. Car s'il est quelque chose qui puisse égaler la majesté de la nature, c'est le génie de l'homme qui la mesure, qui la pénètre dans sa vie intime et lui arrache le secret de ses lois.

CORNEILLE ET RACINE ONT-ILS FAIT PARLER L'ANTIQUITÉ?

Faire parler l'antiquité! cela ne veut certainement pas dire rendre en vers français les vers ou les pages historiques de l'antiquité; car c'est là l'œuvre d'un traducteur et non d'un poète. Le poète est un créateur; il ne doit pas se contenter de copier, il faut qu'il invente. Faire parler l'antiquité, pour un poète tragique, c'est, dans une fiction antique, reproduire par un effort de génie les mœurs, le langage de l'antiquité, de telle sorte que le spectateur en voyant les personnages agir et parler sur la scène puisse dire: « Oui, ce sont bien là des Romains; ce sont là des Grecs. » Par antiquité on entend, en effet, Rome et la Grèce. Mais là encore, il faut établir une distinction selon que le dramaturge a choisi sa fable, soit dans l'histoire, soit dans les poètes. Car autre chose est le monde de l'histoire, autre chose est le monde de la poésie. Ce dernier, emprunté primitivement à l'histoire, a subi une première transformation dont on doit tenir compte, sous peine d'être injuste envers l'auteur moderne.

Corneille a puisé le sujet d'Horace dans Tite-Live ; c'est donc l'histoire romaine qui doit servir de terme de comparaison. « Il ne faut pas prendre de la ville de Rome dans ses commencements, dit Montesquieu, l'idée que nous donnent les villes que nous voyons aujourd'hui, à moins que ce ne soit celles de la Crimée, faites pour renfermer le butin, les bestiaux et les fruits de la campagne. La ville n'avait pas même de rues, si l'on appelle de ce nom la continuation des chemins qui y aboutissaient..... Romulus et ses successeurs furent presque toujours en guerre avec leurs voisins pour avoir des citoyens, des femmes ou des terres. Ils revenaient dans la ville avec les dépouilles des peuples vaincus : c'étaient des gerbes de blé et des troupeaux ; cela y causait une grande joie. » (*Grandeur et Décadence des Romains.*) Sans doute, au temps de Corneille, la véritable Rome n'était pas encore inventée. Toutefois, malgré le prestige des légendes qui couvrent d'un voile brillant les commencements du peuple-roi, on reconnaît, même chez Tite-Live, quelle était la rudesse des mœurs et la férocité de ces guerriers, toujours les armes à la main, soit pour défendre leur propre ville, soit pour agrandir leur territoire. Les rois ne sont que de simples chefs militaires ; et les lois, dignes de ces temps barbares, sont pour ainsi dire écrites avec du sang. Retrouve-t-on dans Corneille la peinture de cet âge terrible ? Horace, accusé auprès du roi, commence ainsi sa défense :

Sire, on se défend mal contre l'avis d'un roi,
Et le plus innocent devient souvent coupable

Quand aux yeux de son prince il paraît condamnable.
C'est crime qu'envers lui se vouloir excuser ;
Notre sang est son bien, il en peut disposer,
Et c'est à nous de croire, alors qu'il en dispose,
Qu'il ne s'en prive point sans une juste cause.
Sire, prononcez donc, je suis prêt d'obéir.

(Acte V. Scène 2º.)

Est-ce là le langage d'un Romain à son compagnon d'armes, d'un barbare à un autre barbare ? Ou plutôt n'est-ce pas celui d'un gentilhomme à un monarque du dix-septième siècle régnant en vertu du droit divin ?

Le vieil Horace lui-même est-il l'homme inculte des temps primitifs lorsqu'il achève son discours par ces vers :

Horace, ne crois pas que le peuple stupide
Soit le maître absolu d'un renom bien solide.
Sa voix tumultueuse assez souvent fait bruit :
Mais un moment l'élève, un moment le détruit ;
Et ce qu'il contribue à notre renommée
Toujours en moins de rien se dissipe en fumée.
C'est aux rois, c'est aux grands, c'est aux esprits bien faits,
A voir la vertu pleine à ses moindres effets ;
C'est d'eux seuls qu'on reçoit la véritable gloire,
Eux seuls des vrais héros assurent la mémoire.

(Acte V. Scène 3º.)

Et quoi ! ce ravisseur de femmes, sorte de Tartare criméen, parle comme un docte académicien ! Encore plié sous le faix de gerbes qu'il vient de voler, il conseille à son fils de mépriser la voix tumultueuse du vulgaire et d'attendre la renommée des seuls esprits bien faits ! Quelle étrange anomalie ! Non-seulement l'Horace de Corneille n'est pas celui de la vérité historique, il n'est pas même le héros farouche de Tite-Live. Lorsqu'on parle des esprits bien faits comme madame de La Fayette ou madame de Sévigné; lorsqu'on disserte avec tant de sagesse et en termes si nobles sur la véritable gloire, on a beau dire : « Je suis Romain, » personne n'en croit rien : car il est évident qu'un Romain si éloquent a fait sa philosophie au collége d'Harcourt.

Le rôle entier de Curiace est celui d'un citoyen élevé dans les généreux sentiments de la civilisation moderne. Quel cri de douleur il pousse lorsqu'il apprend le choix qu'Albe a fait de lui et de ses frères! Et lorsqu'Horace fait luire à ses yeux l'espoir d'une éclatante renommée, avec quelle amère ironie Curiace lui répond :

Il est vrai que nos noms ne sauraient plus périr;
L'occasion est belle, il nous la faut chérir.
Nous serons les miroirs d'une vertu bien rare;
Mais votre fermeté tient un peu du barbare.
Peu, même des grands cœurs, tireraient vanité
D'aller par ce chemin à l'immortalité :
A quelque prix qu'on mette une telle fumée
L'obscurité vaut mieux que tant de renommée.
..... Je rends grâce aux Dieux de n'être pas Romain
Pour conserver encor quelque chose d'humain.
. . . .

HORACE.
Albe vous a nommé, je ne vous connais plus.
CURIACE.
Je vous connais encore, et c'est ce qui me tue.
(Acte II. Scène 3e.)

Et l'on voudrait que ce langage si plein de noblesse et d'humanité, si conforme à la douceur de nos mœurs polies, appartînt à un brigand vivant au milieu du sang et du pillage! Non, le magnanime Curiace n'est pas un enfant de ces siècles grossiers. C'est le contemporain de Corneille, et dans sa grande âme respire l'âme même du poëte.

Les amants parlent tous comme les seigneurs avec qui vivait Corneille. C'est en vain que nos oreilles sont frappées de noms romains, nous voyons, nous sentons que nous sommes au dix-septième siècle; et à l'énergie excessive des sentiments, à l'emphase du langage où se heurtent les antithèses, nous reconnaissons, sous leur masque d'emprunt, tous ces personnages; ce sont des Espagnols, des Espagnols transplantés en France, qui fréquentent l'hôtel de Rambouillet.

CURIACE à Camille.

Que les pleurs d'une amante ont de puissants discours,
Et qu'un bel œil est fort avec un tel secours!
Que mon amour s'attendrit à cette triste vue!
Ma constance contre elle à regret s'évertue.
N'attaquez plus ma gloire avec tant de douleurs,
Et laissez-moi sauver ma vertu de vos pleurs.
Je sens qu'elle chancelle et défend mal la place;
Plus je suis votre amant, moins je suis Curiace.
Faible d'avoir déjà combattu l'amitié,
Vaincrait-elle à la fois l'amour et la pitié?
Allez, ne m'aimez plus, ne versez plus de larmes,
Ou j'oppose l'offense à de si fortes armes.
Je me défendrais mieux contre votre courroux,
Et pour le mériter je n'ai plus d'yeux pour vous.

Vengez-vous d'un ingrat, punissez un volage.
Vous ne vous montrez point sensible à cet outrage ?
Je n'ai plus d'yeux pour vous, vous en avez pour moi !
En faut-il plus encor ? Je renonce à ma foi.
(Acte II. Scène 5º.)

Dans *Nicomède*, les Arméniens et les Bithyniens, au temps d'Annibal, sont aussi fades en amour que les Romains au temps de la fondation.

LAODICE à Nicomède.
Après tant de hauts faits, il m'est bien doux, seigneur,
De voir encor mes yeux régner sur votre cœur ;
De voir, sous les lauriers qui vous couvrent la tête,
Un si grand conquérant être encor ma conquête.
(Acte 1ᵉʳ. Scène 1ʳᵉ.)

Le galant fils de Prusias eût gagné le cœur de la belle Julie d'Angennes s'il lui eût déclaré son amour en ces termes :

ATTALE à Laodice.
Quoi ! Madame, toujours un front inexorable !
Ne pourrai-je surprendre un regard favorable,
Un regard désarmé de toutes ces rigueurs,
Et tel qu'il est enfin quand il gagne les cœurs ?

LAODICE.
Si ce front est mal propre à m'acquérir le vôtre,
Quand j'en aurai dessein, j'en saurai prendre un autre.

ATTALE.
Vous ne l'acquerrez point, puisqu'il est tout à vous.

LAODICE.
Je n'ai donc pas besoin d'un visage plus doux.

ATTALE.
Conservez-le, de grâce, après l'avoir su prendre.

LAODICE.
C'est un bien mal acquis que j'aime mieux vous rendre.

ATTALE.

Vous l'estimez trop peu pour le vouloir garder.

LAODICE.

Je vous estime trop pour vouloir rien farder.
Votre rang et le mien ne sauraient le permettre ;
Pour garder votre cœur je n'ai pas où le mettre ;
La place est occupée...

(Acte 1er. Scène 2e.)

Voilà une reine d'Arménie qui dit son fait à ce galant Bithynien comme si elle n'avait jamais quitté la fameuse chambre bleue de l'hôtel de Rambouillet. Philaminte et Bélise l'eussent embrassée comme une de leurs amies.

Dans *Cinna*, c'est le même tableau qui se déroule à nos regards. Ne reconnaît-on pas les bravades héroïques des matamores dans cette apostrophe d'Emilie à Auguste après la découverte de la conjuration :

Punissez donc, seigneur, ces criminels appas
Qui de vos favoris font d'illustres ingrats.
Tranchez mes tristes jours pour assurer les vôtres.
Si j'ai séduit Cinna, j'en séduirai bien d'autres,
Et je suis plus à plaindre, et vous plus en danger
Si j'ai l'amour ensemble et le sang à venger,

(Acte V. Scène 2e.)

Comme les Précieuses durent applaudir à ce dialogue d'Emilie et de Cinna :

CINNA.

S'il est pour me trahir des esprits assez bas,
Ma vertu pour le moins ne vous trahira pas ;
Vous la verrez, brillante au bord des précipices,
Se couronner de gloire en bravant les supplices,

Rendre Auguste jaloux du sang qu'il répandra
Et le faire trembler alors qu'il me perdra.
ÉMILIE.
..... Ta mort emportera mon âme vers la tienne,
Et mon cœur aussitôt percé de mille coups.....
CINNA.
Ah ! souffrez que tout mort je vive encore en vous !
(Acte III. Scène 4e.)

Polyeucte est peut-être celui qui s'écarte le plus du type espagnol : c'est un chrétien, avec l'enthousiasme qui saisit les âmes ardentes, nouvellement converties. Mais s'il n'est pas Espagnol, il est Français : il n'y a rien qui le frappe au coin de l'antiquité.

Pauline, *cette honnête femme qui n'aime pas son mari*, est-elle autre chose qu'une Chimène, mariée à un autre qu'à Rodrigue, et qui reste fidèle au devoir sans cesser de chérir son amant ?

Sévère amoureux parle comme parlaient Cinna, Curiace, Attale et tous les amants chez Corneille.

SÉVÈRE à Pauline.
"Adieu ! je vais chercher au milieu des combats
Cette immortalité que donne un beau trépas ;
Et remplir dignement, par une mort pompeuse,
De mes premiers exploits l'attente avantageuse,
Si toutefois, après ce coup mortel du sort,
J'ai de la vie assez pour chercher une mort.
(Acte II. Scène 2e.)

Dans la scène précédente Sévère avait dit à son confident Fabian :

Laissez-la moi donc voir, soupirer et mourir.

« Un général d'armée, dit Voltaire, qui vient en

Arménie soupirer et mourir, en rondeau, paraît très-ridicule aux gens sensés d'Europe. Cette imitation des héros de la chevalerie infectait déjà notre théâtre dans sa naissance; c'est ce que Boileau appelle mourir par métaphore. L'écuyer Fabian, qui parle des vrais amants, est encore un écuyer de roman. » Nous voilà bien loin de Rome et de l'antiquité. Dès le dix-septième siècle quelques esprits supérieurs le sentaient et n'étaient point dupes des noms latins ou grecs des héros de théâtre. Fénelon, dans sa lettre à l'Académie, s'exprime ainsi : « Il me semble qu'on a donné souvent aux Romains un discours trop fastueux; je ne trouve point de proportion entre l'emphase avec laquelle Auguste parle dans la tragédie de *Cinna*, et la modeste simplicité avec laquelle Suétone le dépeint. » Fénelon a raison. Que Corneille se soit montré grand historien, habile politique, on peut aisément l'accorder : là n'est point le débat. Mais il n'en est pas moins certain que ces intuitions admirables en histoire et ces larges vues en politique sont exprimées avec la fastueuse énergie et l'emphase caractéristique des héros espagnols. Il en devait être ainsi. Nourri de la littérature castillane, Corneille devait d'autant plus s'y complaire qu'il trouvait dans les sublimes sentiments et le discours ampoulé des personnages une conformité singulière avec sa grande âme et son vigoureux génie. Aussi, parmi les poètes latins, ce n'est pas Virgile, l'artiste accompli, qu'il préfère; le style de celui-ci est trop simple, trop mesuré pour lui. Ses favoris seront Lucain et Sénèque, tous deux Espagnols et par la naissance et par le tour d'esprit. Corneille, comme tout poète, fait passer dans ses personnages son âme et son propre génie. Corneille avait l'âme et le génie espagnols, ses personnages seront espagnols. Quelle que soit la diversité des rôles qu'ils remplissent, ils obéissent à la même loi. Les sentiments peuvent être les plus différents; mais l'expression de ces sentiments a toujours le même caractère. En outre, quand il n'y a pas lutte entre le devoir et la passion, l'amour chez Corneille emploie le style des *Précieuses*; car Corneille connaissait la ville de *Tendre-sur-Estime*. A ne considérer que l'expression des sentiments, c'est-à-dire ce qui fait l'originalité de chaque race, on peut affirmer que Corneille a fait parler, non pas l'antiquité, mais l'Espagne et l'hôtel de Rambouillet.

L'examen des tragédies de Racine prouve que ce dernier n'a pas mieux réussi que son rival à faire parler l'antiquité. Racine a pris dans Tacite le sujet de *Britannicus*. C'est à l'antiquité grecque qu'il a emprunté *Andromaque*, *Iphigénie* et *Phèdre*. La tragédie de *Mithridate* raconte la mort d'un roi asiatique.

Dans *Britannicus*, Racine a voulu peindre Néron et sa cour. Puisqu'il a pris Tacite pour guide, il faut que la peinture dramatique soit conforme à l'histoire. En est-il ainsi? On peut le nier hardiment. Est-il conforme à la vérité que Néron empoisonne Britannicus parce que celui-ci est un rival en amour? L'Agrippine de Racine, si majestueuse et si imposante, est-elle bien l'Agrippine orgueilleuse et féroce qui sollicite son fils à l'inceste? (Deuxième préface de *Britannicus*.) Non, sans doute. « Mais, disent les commentateurs, ce sont des figures idéalisées; il y a eu transformation. » L'aveu est précieux; car, *transformer*, est-ce autre chose que supprimer les détails qui caractérisent la race pour ne conserver que les lignes générales, auxquelles le poète imprime le cachet de son siècle et de son propre génie? Au deuxième acte, Néron surprend Britannicus aux genoux de Junie :

NÉRON.
Prince, continuez des transports si charmants.
Je conçois vos bontés par ses remercîments,
Madame, à vos genoux, je viens de le surprendre.
Mais il aurait aussi quelque grâce à me rendre;
Ce lieu vous favorise, et je vous y retiens
Pour lui faciliter de si doux entretiens.

BRITANNICUS.
Je puis mettre à ses pieds ma douleur ou ma joie
Partout où sa bonté consent que je la voie;
Et l'aspect de ces lieux où vous la retenez
N'a rien dont mes regards doivent être étonnés.

NÉRON.
Et que vous montrent-ils qui ne vous avertisse
Qu'il faut qu'on me respecte et que l'on m'obéisse?

BRITANNICUS.
Ils ne nous ont pas vus l'un ou l'autre élever,
Moi pour vous obéir, et vous pour me braver;
Et ne s'attendaient pas, lorsqu'ils nous virent naître,
Qu'un jour Domitius me dût parler en maître.

NÉRON.
Ainsi par le Destin nos vœux sont traversés;
J'obéissais alors, et vous obéissez.

Si vous n'avez appris à vous laisser conduire,
Vous êtes jeune encore, et l'on peut vous instruire..
BRITANNICUS.
Et qui m'en instruira ?
NÉRON.
Tout l'Empire à la fois.
Rome.
BRITANNICUS.
Rome met-elle au nombre de vos droits
Tout ce qu'a de cruel l'injustice et la force,
Les emprisonnements, le rapt et le divorce ?
NÉRON.
Rome ne porte point ses regards curieux
Jusque dans des secrets que je cache à ses yeux.
Imitez son respect.

(Acte III. Scène 8º.)

« Quel dédain, s'écrie M. Géruzez, et quelle fierté ! N'est-ce pas un écho de la cour de Versailles ? » Le grand mot est lâché ! Ces Romains sont des grands seigneurs de Versailles, et la Rome impériale de Tacite est devenue la cour de Louis XIV.

Les autres personnages appartiennent bien davantage encore à la cour du grand roi. Burrhus est un ministre français du dix-septième siècle, à cela près qu'il est honnête homme : voilà son unique originalité. Le langage de l'amour est celui de la même époque. Néron demandant à Narcisse si Britannicus aime Junie s'exprime en termes dignes des Précieuses.

NÉRON.
... Si jeune encor se connaît-il lui-même ?
D'un regard enchanteur connaît-il le poison ?

NARCISSE.

Seigneur, l'amour toujours n'attend pas la raison.
N'en doutez point, il l'aime. Instruits par tant de charmes
Ses yeux sont déjà faits à l'usage des larmes ;
A ses moindres désirs il sait s'accommoder,
Et peut-être déjà sait-il persuader.
(Acte II. Scène 2e.)

En quoi Britannicus et Junie diffèrent-ils des jeunes seigneurs français que mademoiselle de Scudéry et madame de La Fayette ont, sous un voile transparent, dépeints dans leurs romans?

BRITANNICUS.

..... Vous pleurez ! Ah ! ma chère princesse !
Et pour moi jusque-là votre cœur s'intéresse.
Quoi ! dans ce même jour et dans ces mêmes lieux,
Refuser un empire et pleurer à mes yeux !
Mais, Madame, arrêtez ces précieuses larmes.
Je me rendrais suspect par un plus long séjour :
Adieu. Je vais, le cœur tout plein de mon amour,
Au milieu des transports d'une aveugle jeunesse,
Ne voir, n'entretenir que ma belle princesse.
(Acte V. Scène 2e.)

Est-il possible de retrouver dans ce langage les Romains de l'empire dont Suétone et Tacite nous retracent l'image? N'est-ce pas plutôt le reflet de celui qui se parlait dans les salons du dix-septième siècle? Malherbe chantait l'amour sur le même mode que les Romains de Corneille et Racine :

A MADAME DE MONTPENSIER.

Beau ciel par qui mes jours sont troubles ou sont calmes,
Seule terre où je prends mes cyprès et mes palmes,

Catherine, dont l'œil ne luit que pour les Dieux,
Punissez vos beautés plutôt que mon courage,
Si, trop haut s'élevant, il adore un visage
Adorable par force à quiconque a des yeux.

Il est tellement vrai que Racine a fait parler, non l'antiquité, mais la cour de France, que pour célébrer les amours de Louis XIV et d'Henriette d'Angleterre, il a transporté la scène à Rome. Titus, par les mœurs et le langage, est tout aussi Romain, ou, pour mieux dire, n'est pas plus Romain que Britannicus.

Dans ses tragédies grecques, Racine a pris pour modèle le monde de la poésie : il marche sur les traces d'Euripide. Mais est-ce bien l'antiquité grecque qu'il nous a rendue? Il sera facile de démontrer que Racine dans *Iphigénie*, dans *Andromaque* et dans *Phèdre*, n'est pas sorti du dix-septième siècle ni de Versailles...

Dans l'*Iphigénie* d'Euripide, Agamemnon réveille son serviteur par ces mots : « Vieillard, suis-moi hors de ces tentes. » L'Agamemnon de Racine débute ainsi :

Oui, c'est Agamemnon, c'est ton roi qui t'éveille;
Viens; reconnais la voix qui frappe ton oreille.

« Nous voilà bien loin, dès ces premiers vers, de l'antique simplicité de ces chefs de clan que la Grèce décorait du nom de rois. Il semble ici qu'Agamemnon, sortant des appartements de Versailles, s'étonne que Sa Majesté descende à faire quelque chose qui le met au niveau des simples mortels. » (GÉRUZEZ.)

Au quatrième acte, Agamemnon réplique en ces termes au fougueux Achille :

> Seigneur, je ne rends point compte de mes desseins.
> Ma fille ignore encor mes ordres souverains ;
> Et quand il sera temps qu'elle en soit informée,
> Vous apprendrez son sort, j'en instruirai l'armée.

« Ce faste dans le commandement est un reflet de la majesté hautaine et théâtrale de Louis XIV. Avant ce règne, l'idée ne serait point venue à aucun poète de faire ainsi parler un roi. » (GÉRUZEZ.) Les deux premiers vers ont donné le ton à tout le drame ; nous ne sommes point en Grèce, mais en France, à la cour de Louis XIV.

Achille, dans Homère, est un rustique propriétaire de Thessalie qui fait paître ses chevaux et ses bœufs à Phthie. « Les Troyens ne sont point coupables envers moi ; ils ne m'ont point ravi mes bœufs ni mes chevaux dans la fertile Phthie ; ils n'ont point ravagé mes champs. Nous sommes venus pour faire honneur à Ménélas et à toi, ô visage de chien ! » (*Iliade*, chant Ier.)

Visage de chien ! c'est ainsi que l'Achille grec traite Agamemnon. Ce n'est pas l'Achille de Racine qui s'emporterait en injures aussi grossières, sentant le gardeur de troupeaux. On reçoit dans les salons royaux une trop bonne éducation pour cela :

> Rendez grâce au seul nœud qui retient ma colère :
> D'Iphigénie encor je respecte le père.
> Peut-être, sans ce nom, le chef de tant de rois
> M'aurait osé braver pour la dernière fois.

Je ne dis plus qu'un mot : c'est à vous de m'entendre :
J'ai votre fille ensemble et ma gloire à défendre :
Pour aller jusqu'au cœur que vous voulez percer,
Voilà par quel chemin vos coups doivent passer.
(Acte IV. Scène 6e.)

L'Achille de Racine est un gentilhomme français, un autre grand Condé, si l'on veut : il n'a rien de commun avec le chef des Myrmidons.

« Le père Brumoy, dit Châteaubriand, a remarqué qu'Euripide, en donnant à Iphigénie la frayeur de la mort et le désir de se sauver, a mieux parlé selon la nature que Racine, dont l'Iphigénie semble trop résignée. L'observation est bonne en soi; mais ce que le père Brumoy n'a pas vu, c'est que l'Iphigénie moderne est la fille chrétienne. Son père et le ciel ont parlé, il ne reste plus qu'à obéir. Racine n'a donné ce courage à son héroïne que par l'impulsion secrète d'une institution religieuse qui a changé le fond des idées et de la morale. » Ajoutons à cela qu'Iphigénie parle à son père, non pas avec la libre familiarité de la fille grecque, mais ainsi qu'à Louis XIV parlaient ses filles, pleines d'une crainte respectueuse et observatrices de l'étiquette.

Andromaque n'est pas plus grecque qu'Iphigénie. « Les sentiments les plus touchants de l'Andromaque de Racine émanent pour la plupart d'un poète chrétien. L'Andromaque de l'*Iliade* est plus épouse que mère; celle d'Euripide a un caractère à la fois rampant et ambitieux qui détruit le caractère maternel; celle de Virgile est tendre et triste, mais c'est moins encore la mère que l'épouse. La veuve d'Hector ne dit pas : « *Astyanax ubi est?* mais *Hector ubi est?* » L'Andromaque de Racine est plus sensible, plus intéressante que l'Andromaque antique. Ce vers si simple et si aimable : *Je ne l'ai point encore embrassé d'aujourd'hui*, est le mot d'une femme chrétienne. Cela n'est point dans le goût des Grecs, et encore moins des Romains. Lorsque la veuve d'Hector dit à Céphise :

Qu'il ait de ses aïeux un souvenir modeste ;
Il est du sang d'Hector, mais il en est le reste :

qui ne reconnaît la chrétienne? C'est le *deposuit potentes de sede*. Cette humilité que le christianisme a répandue dans les sentiments, et qui a changé pour nous le rapport des passions, perce à travers tout le rôle de la moderne Andromaque. » (CHATEAUBRIAND.)

On sait quels guerriers étaient les Grecs qui firent le siége de Troie. S'ils avaient le courage du lion, ils en avaient aussi la fureur. Quel désastre que celui de cette grande cité ! Tout est livré aux flammes, tout est massacré ou réduit en esclavage. Parmi les plus sanguinaires se distingue le fils d'Achille, Pyrrhus ou Néoptolème. Racine lui-même rappelle ses sauvages exploits dans ces vers admirables :

PHŒNIX à Pyrrhus.

Du vieux père d'Hector la valeur abattue
Aux pieds de sa famille expirante à sa vue,
Tandis que dans son sein votre bras enfoncé
Cherche un reste de sang que l'âge avait glacé ;

Dans des ruisseaux de sang Troie ardente plongée;
De votre propre main, Polyxène égorgée.....

(Acte IV, Scène 5e.)

Voilà le Grec à qui Andromaque est échue en partage. Croira-t-on qu'un tel homme ait pu longtemps contenir sa brutale fantaisie? Les larmes d'une captive ne devaient être qu'un régal de plus pour la lubricité du maître. Aussi Euripide, dans son drame, représente-t-il Andromaque comme obligée de partager la couche de Pyrrhus, dont elle a un fils, Molosse, l'unique objet de son amour. Sa condition est celle d'une esclave. Hermione, épouse de Pyrrhus, a bien soin de la lui rappeler : « Il te faudra tomber à mes genoux, balayer ma maison, arroser les appartements, et connaître où tu es : car il n'y a plus ici ni Hector, ni Priam, ni opulence, mais une ville grecque. » C'est le sort des esclaves de couleur dans les États du Sud de l'Amérique. Eh bien! dans Racine, Pyrrhus n'est plus un maître grossier commandant à la *chose* qu'il a conquise à la pointe de l'épée, c'est un galant chevalier, le plus respectueux, le plus soumis.

PYRRHUS à Andromaque.

Me refuserez-vous un regard moins sévère ?
Haï de tous les Grecs, pressé de tous côtés,
Me faudra-t-il combattre encor vos cruautés?
Je vous offre mon bras. Puis-je espérer encore
Que vous accepterez un cœur qui vous adore ?
En combattant pour vous me sera-t-il permis
De ne vous point compter parmi mes ennemis ?

(Acte Ier, Scène 4e.)

. . . .
Au nom de votre fils, cessons de nous haïr.
A le sauver enfin c'est moi qui vous convie.
Faut-il que mes soupirs vous demandent sa vie ?
Faut-il qu'en sa faveur j'embrasse vos genoux ?
(Acte III. Scène 7e.)

Pyrrhus aux genoux de son esclave ! Cela ne s'est jamais vu en Grèce. Et lui, le compagnon de cet Ajax qui avait outragé Cassandre au pied même des autels, pendant *un an* il a soupiré en vain sa tendresse, lui qui d'un geste pouvait contraindre la victime.

Mon cœur désespéré d'un an d'ingratitude,
Ne peut plus de son sort souffrir l'incertitude :
C'est craindre, menacer et gémir trop longtemps.
Je meurs, si je vous perds ; mais je meurs, si j'attends.
(Même scène.)

Le Pyrrhus d'Euripide, le vrai Pyrrhus, n'a pas attendu un seul instant. Il a usé de sa propriété : Andromaque est devenue sur le champ sa concubine. Elle s'est résignée à ce triste sort comme l'étaient les femmes antiques en ces temps de barbarie. Elle est moins touchante dans Euripide que dans Racine, mais elle est Grecque. L'Andromaque de Racine est une noble princesse élevée à la cour de Louis XIV, et les Grecs qui l'entourent, malgré leurs noms et les faits homériques qu'ils rappellent, Pyrrhus, Oreste, Hermione, sont tout aussi français.

« Phèdre est une épouse chrétienne. La crainte des flammes vengeresses et de l'éternité formidable de notre enfer, passe à travers le rôle de cette femme criminelle, et surtout dans la scène de jalousie qui, comme on le sait, est de l'invention du poète moderne. L'inceste n'était pas une chose si rare et si monstrueuse chez les anciens pour exciter de pareilles frayeurs dans le cœur du coupable. Sophocle fait mourir Jocaste, il est vrai, au moment où elle apprend son crime; mais Euripide la fait vivre longtemps après. Si nous en croyons Tertullien, les malheurs d'Œdipe n'excitaient chez les Macédoniens que les plaisanteries des spectateurs. Virgile ne place pas Phèdre aux enfers, mais seulement dans ces bocages de myrtes, dans ces *champs des pleurs, lugentes campi*, où vont errant ces amantes, qui *même dans la mort, n'ont pas perdu leurs soucis... curæ non ipsâ in morte relinquunt*. Aussi la Phèdre d'Euripide, comme celle de Sénèque, craint-elle plus Thésée que le Tartare. Ni l'une ni l'autre ne parle comme la Phèdre de Racine :

> Moi jalouse ! Et Thésée est celui que j'implore !
> Mon époux est vivant, et moi je brûle encore.
> . . . .
> Hélas ! du crime affreux dont la honte me suit,
> Jamais mon triste cœur n'a recueilli le fruit.

Ce cri est peut-être le plus énergique que la passion ait jamais fait entendre. Il y a là-dedans un mélange des sens et de l'âme, de désespoir et de fureur amoureuse, qui passe toute expression. Cette femme qui se consolerait d'une éternité de souffrance si elle avait joui d'un instant de bonheur, cette femme n'est pas dans le caractère antique; c'est la chrétienne réprouvée, c'est la pécheresse tombée vivante dans les mains de Dieu; son mot est le mot du damné. » (CHATEAUBRIAND.)

On connaît la fière peinture qu'Euripide a faite du chaste Hippolyte. Quel hymne enthousiaste celui-ci adresse à Diane, à son entrée en scène! « Salut, ô Diane, la plus belle des vierges qui habitent l'Olympe! O ma souveraine, je t'offre cette couronne, tressée par mes mains dans une fraîche prairie que jamais le pied des troupeaux, ni le tranchant du fer, n'ont osé violer, et où l'abeille seule voltige au printemps. La Pudeur l'arrose d'une eau pure, pour ceux qui ne doivent rien à l'étude, et à qui la nature inspire la sagesse; ceux-là seuls ont droit d'en cueillir les fleurs, interdites aux méchants. O Souveraine chérie, reçois donc d'une main pure cette couronne pour ta chevelure dorée! Seul en effet parmi les mortels, je jouis de ce privilége : je suis admis dans ta familiarité, je converse avec toi, entendant ta voix, mais sans voir ton visage. Ah! puisse la fin de mes jours répondre à leur commencement. »

Quelle haine pour les femmes! « O Jupiter, pourquoi as-tu mis au monde les femmes, engeance de mauvais aloi? Si tu voulais donner l'existence au genre humain, il ne fallait pas le faire naître des femmes : mais les hommes, déposant dans les temples des offrandes d'or, de fer ou d'airain, auraient acheté des enfants, chacun en raison de la valeur de ses dons; et ils auraient vécu dans leurs maisons, libres et sans femmes. L'époux qui reçoit dans sa demeure cette plante parasiste, se réjouit : il couvre de riches parures sa méprisable idole, il la charge de robes, le malheureux, et épuise toute les ressources de son patrimoine... » L'invective se prolonge. « Malédiction sur vous! dit-il en terminant. Jamais je ne me lasserai de haïr les femmes. » En mourant ses derniers regards sont pour Diane. « O souffle divin! malgré mes douleurs, je l'ai senti, et je suis soulagé. Oui, la déesse Diane est en ces lieux... Vois-tu, ma souveraine, l'état déplorable où je suis. Ton chasseur, ton serviteur fidèle n'est plus. »

Merveilleux pouvoir du temps! Avec la suite des siècles Hippolyte s'est adouci : ce cœur sauvage n'a pu résister aux molles tendresses de la chevalerie. A la cour du grand Roi il a rencontré une jeune demoiselle française, rendue plus touchante par la mélancolie du malheur. Elle s'appelait Aricie, il l'a aimée.

HIPPOLYTE à Thésée.

Non, mon père, ce cœur, c'est trop vous le céler,
N'a point d'un chaste amour dédaigné de brûler.
Je confesse à vos pieds ma véritable offense :
J'aime; j'aime, il est vrai, malgré votre défense.
Aricie à ses lois tient mes vœux asservis :
La fille de Pallante a vaincu votre fils :
Je l'adore; et mon âme, à vos ordres rebelle,
Ne peut ni soupirer, ni brûler que pour elle.

(Acte IV. Scène 2e.)

Il est même devenu si ardent, le froid Hippolyte, que la réserve d'Aricie le blesse au vif :

Quand je suis tout en feu, d'où vous vient cette glace?

(Acte V. Scène 1re.)

Et lorsqu'il va quitter Trézène, quelle tendre inquiétude :

> . . . . Je pars et j'ignore
> Si je n'offense point les charmes que j'adore !
> J'ignore si ce cœur que je laisse en vos mains.....

Rassure-toi, cher Hippolyte ! Ton cœur est en bonnes mains. La belle Aricie n'est pas une de ces femmes grecques pour qui, trois mille ans auparavant, tu n'avais que des imprécations. C'est une jeune fille bien élevée, qui sait qu'une noble dame ne doit point payer d'ingratitude l'amour d'un jeune seigneur aussi tendre, aussi discret que toi. Aussi, lorsque l'honnête Théramène viendra au dénouement répéter ta volonté suprême : « Prends soin, après ma mort, de la triste Aricie, » le public ne s'étonnera point que tes dernières paroles soient, non pour Diane depuis longtemps passée de mode, mais pour l'aimable princesse, ornement de la cour française.

Les autres tragédies de Racine n'ont pas davantage la couleur antique. « Je vous le dis en confidence, murmurait Corneille à l'oreille de Segrais, à la représentation de *Bajazet*, ces Turcs sont des Français. » Oui, certes, comme le sont aussi les Asiatiques de *Mithridate*. Malgré l'anachronisme des noms, c'est toujours le dix-septième siècle et la cour de Louis XIV. On s'y trompait si peu, que les acteurs jouaient les Grecs et les Romains avec le costume français sans que personne ne réclamât. Les sentiments et les passions étaient développés d'une manière si française qu'il semblait tout simple que le costume fût à l'unisson des passions et des sentiments.

Cela était naturel, cela était nécessaire. L'art n'est point immobile; il change avec le temps parce qu'avec le temps changent les conditions de beauté qui font sa vie. Certainement les guerriers d'Homère ne sont plus les farouches soldats qui ont dû renverser la ville de Troie. Il y a déjà une première transformation. Homère a donné à ses héros les caractères distinctifs des hommes de son époque. Mais cette époque était encore très-rapprochée de la primordiale simplicité; et les Achille et les Ajax d'Homère ont conservé une partie de cette physionomie singulière. Lorsqu'Eschyle eut ouvert la carrière à la tragédie grecque, il y eut dans l'art une nouvelle et fatale évolution. Dans Sophocle et Euripide, on ne voit plus les grands hommes tourner la broche et remplir eux-mêmes leurs vases à la fontaine, ce sont des princes à peu près semblables aux modèles qu'ils avaient sous les yeux. Chaque siècle impose ses idées et ses mœurs aux contemporains. Ainsi formé, le poète à son insu pétrit les matériaux antiques et les façonne, les yeux fixés sur l'idéal que lui donne son siècle. A cette première marque il ajoute celle de son propre génie, et c'est là ce qui constitue son originalité. Puis, comme dans la série des âges, l'homme conserve toujours les facultés fondamentales de l'âme, un troisième élément s'ajoute à l'œuvre : c'est le développement des passions dans ce qu'il a d'universel et d'essentiellement humain. Ces trois caractères se retrouvent et dans

Corneille et dans Racine. Corneille vivait au dix-septième siècle et fréquentait l'hôtel de Rambouillet, ses héros appartiendront au dix-septième siècle et à l'hôtel de Rambouillet. Admirateur des Espagnols, le grand poëte avait avec eux une secrète et puissante affinité, sa Rome sera une Rome castillane. Et aussi, comme il a connu le cœur humain, surtout sa grandeur, ses héros auront quelque parenté avec les héros antiques.

De même pour Racine. Son éducation chrétienne, son âme ardente, longtemps agitée par les passions, la cour royale où il vivait et qui composait son auditoire, tout cela devait se retrouver dans ses œuvres et y laisser son empreinte. Voilà pourquoi ni Corneille ni Racine n'ont fait parler l'antiquité, mais bien leur siècle et leur propre génie.

DE LA TRIVIALITÉ DANS LE STYLE.

Si Boileau revenait à la vie et qu'on lui demandât en quoi consistent la bassesse et la trivialité dans les mots, il répondrait à peu près en ces termes : « Les mots sont des assemblages de lettres destinés à exprimer les idées. Comme il y a dans la nature certains objets dont l'aspect blesse la délicatesse des sens et offre à l'imagination quelque chose d'odieux, ces mots-là seront bas et triviaux qui représenteront ces objets. Cependant il faut bien quelquefois en parler; employez alors d'ingénieuses périphrases ou de brillantes métaphores qui jettent, pour ainsi dire, un voile sur la nudité du tableau et font illusion à l'imagination. Si j'ai appelé un chat *un chat*, c'était pour immoler Rollet; mais une perruque, l'appeler *perruque*, jamais ! Orné de mes faux cheveux blonds, j'apparaîtrai à la postérité comme l'ennemi du bas et du trivial. Aussi, quand dans la *Phèdre* de Garnier j'aperçois Hippolyte *tout dégouttant d'une honneste crasse*, je lui crierais volontiers : Jeune héros, lavez-vous avant d'entrer en scène ! »

Il faut avouer que si les mots employés par le vieux

poëte avaient le sens restreint qu'ils ont aujourd'hui, Boileau aurait pleinement raison ; car l'image n'est pas belle et ne réussit point à éveiller des sentiments élevés. Mais, au temps de Garnier, les deux expressions : *honneste crasse*, étaient synonymes de glorieuse poussière. Le vers de Garnier était, aux yeux de ses contemporains, aussi élégant que le vers de Racine : *au travers d'une noble poussière*. Si les mots de Garnier sont aujourd'hui triviaux, c'est que les idées qu'aujourd'hui ils expriment sont devenues triviales. Suard, dans son *Histoire du Théâtre français*, fait au sujet de ce vers et de quelques autres une remarque fort juste, qui montre clairement où réside la véritable trivialité, et sur quel arbitraire usage reposent la plupart de nos nobles métaphores. « C'est ici l'occasion de remarquer que tel mot qui a pris pour nous une nuance de ridicule en raison des idées et des images accessoires dont nous l'avons environné, pouvait fort bien, il y a deux siècles, se présenter d'une tout autre manière à des esprits moins accoutumés à joindre à la signification naturelle des mots et à l'image des choses en elle-même ces attributs étranges qu'elles doivent toujours aux combinaisons de la société. C'est nécessairement par l'effet de quelques-unes de ces combinaisons qu'on dit le *cœur* d'une roche au lieu de l'*estomac* d'une roche. — « Sa prière fendrait l'estomac d'une roche. (HARDY.) » — Ce qui serait bien aussi naturel ; et l'on ne voit pas pourquoi l'estomac de la cheminée ne vaudrait pas autant que le cœur de la cheminée. Si le mot d'égout, qui s'applique également à tout écoulement d'eaux, ne nous offre plus, dans le langage ordinaire, que l'image dégoûtante d'un réservoir destiné à délivrer les villes de leurs plus sales immondices, ce n'est pas la faute de Hardy, qui, écrivant dans un temps où la signification de ce mot était moins restreinte, pouvait l'employer comme nous employons habituellement celui de ruisseau, qui pourra passer d'usage à son tour. Car si on vient à le borner, comme on a fait de celui d'égout, à signifier exclusivement les écoulements des rues de Paris, il ne sera pas plus permis de verser des *ruisseaux de larmes*, que de faire de ses yeux un égout. C'est peut-être pour cela que les *torrents de larmes* commencent à remplacer les ruisseaux, dont on se servait beaucoup autrefois. »

Telle est la tyrannie de l'usage : nous nous accoutumons à attacher certaines idées à certains mots ; et ces idées absorbent ou annulent la signification propre du mot. Si nous sourions en lisant cette phrase que M. de Ramsay écrivait à Fénelon : « Monseigneur, vous avez eu pour moi des boyaux de père, » c'est que le mot boyaux n'a jamais désigné que le tube intestinal où s'achèvent les phénomènes de la digestion. Les *entrailles*, au contraire, avec cette même idée, ont celle d'amitié et d'amour qui, associée à celle de père, s'éveille seule, ou du moins avec une telle puissance que l'autre est entièrement effacée. Voilà pourquoi le mot cœur, outre la signification d'organe du corps, ayant celle de point central, ne choque point, tandis que l'estomac n'a jamais offert d'autre image que celle d'une poche membraneuse, destinée à une fonction particulière. *Si volet usus, Quem penes arbitrium est et jus et norma loquendi.* (HORACE.)

Si dans la langue il est des mots qui, à la longue, perdent leur noblesse, il en est d'autres qui ne descendent jamais jusqu'à la trivialité : ce sont ceux qui excitent en nous de graves et terribles sentiments : ainsi les mots gouffre, famine, cadavre et, en général, tous ceux qui comprennent l'idée de la mort. Ce qui est vrai des mots est vrai des choses ; il suffit même que ce nouvel élément s'introduise dans un objet pour que son caractère change à l'instant. Certes, un zingaro, tel que le peint Murillo ou Callot, avec ses haillons, sa vermine et ses hideux ulcères, inspire un invincible sentiment de dégoût : c'est le type de la trivialité, s'il en fut jamais. Eh bien! par la pensée, placez-le au coin d'un bois, le soir, une escopette à la main, ce n'est plus un objet de dégoût, c'est un objet d'effroi. Les nouvelles circonstances ont changé entièrement la direction de l'esprit : le gueux trivial a disparu effacé par le coquin ténébreux. C'est la profonde connaissance de ce phénomène intellectuel qui a dicté à Victor Hugo deux de ses drames. Écoutez plutôt la préface de *Lucrèce Borgia :* « Prenez la difformité physique la plus hideuse, la plus repoussante, la plus complète ; placez-la où elle ressort le mieux, à l'étage le plus infime, le plus souterrain et le plus méprisé de l'édifice social ; éclairez de tous côtés par le jour sinistre des contrastes cette misérable créature, et puis, jetez-lui une âme, et mettez dans cette âme le sentiment le plus pur qui soit donné à l'homme, le sentiment paternel. Qu'arrivera-t-il ? c'est que ce sentiment sublime, chauffé sous certaines conditions, transformera sous vos yeux la créature dégradée; c'est que l'être petit deviendra grand; c'est que l'être difforme deviendra beau. Au fond, voilà ce que c'est que le *Roi s'amuse*. Eh bien! qu'est-ce que c'est que *Lucrèce Borgia?* Prenez la difformité morale la plus hideuse, la plus repoussante, la plus complète; placez-la là où elle ressort le mieux, dans le cœur d'une femme, avec toutes les conditions de la beauté physique et de la grandeur royale, qui donnent de la saillie au crime; et maintenant mêlez à toute cette difformité morale un sentiment pur, le plus pur que la femme puisse éprouver, le sentiment maternel; dans votre monstre mettez une mère, et le monstre intéressera, et le monstre fera pleurer, et cette créature qui faisait peur fera pitié; et cette âme difforme deviendra presque belle à vos yeux. Ainsi la paternité sanctifiant la difformité physique, voilà *le Roi s'amuse;* la maternité purifiant la difformité morale, voilà *Lucrèce Borgia.* » Remplacez sanctifier et purifier qui sont trop forts et faux par *faire oublier*, tout sera juste, tout sera vrai.

Il en est de même des mots. Pris isolément, ils rebutent l'imagination par la laideur de l'image. Mais associez-les à une idée grande, à un généreux sentiment, alors tout se transfigure; le trivial disparaît pour faire place à la noblesse et même à la grandeur. Bien plus encore! Par ce contraste ils donnent plus de relief à l'idée ou au sentiment. Entraînée par le sentiment du beau, l'âme ne trouve dans ce mot ou cette triviale image qu'une sorte d'impulsion plus énergique pour s'élever jusqu'à l'infini du sublime. N'est-ce pas là ce que nous éprouvons en lisant ces vers d'André Chénier, près de marcher à l'échafaud :

> Quoi ! nul ne restera pour attendrir l'histoire
>   Sur tant de justes massacrés;
> .... Pour que des brigands abhorrés
> Frémissent aux portraits noirs de leur ressemblance;
>   Pour descendre jusqu'aux enfers
> Chercher le triple fouet, le fouet de la vengeance,
>   Déjà levé sur ces pervers;
> Pour cracher sur leurs noms, pour chanter leur supplice !

Pourquoi le mot cracher qui, pris isolément, offre une image si peu séduisante, fait-il ici une impression si profonde sur notre imagination ? C'est qu'il est uni à un admirable sentiment, à l'indignation qui saisit un noble cœur à la vue du mal triomphant. C'est que l'âme frémissante ne voit plus en lui la fonction de l'organisme, mais l'expression d'un généreux courroux.

Oserait-on accuser le goût d'André Chénier ? Ce serait bien pis encore pour Bossuet : « Le divin lépreux se donne à ceux qui entreprennent de l'insulter pour en faire tout ce qu'ils veulent. On le veut baiser, il donne les lèvres; on le veut lier, il présente les mains; on le veut souffleter, il tend les joues; frapper à coups de bâton, il tend le dos; flageller inhumainement, il tend les épaules; on l'accuse devant Caïphe et Pilate.

il se tient pour tout convaincu. Hérode et toute sa cour se moquent de lui, et on le renvoie comme un fou ; il avoue tout par son silence ; on l'abandonne aux valets et aux soldats, et il s'abandonne encore plus lui-même ; cette face autrefois si majestueuse, qui ravissait en admiration le ciel et la terre, il la présente droite et immobile aux crachats de cette canaille. » (*Sermon sur la Passion.*)

En présence de pareils exemples, on se demande ce que devient la théorie de ces rigoureux censeurs qui prétendent vouer certains mots à une immuable trivialité. Faut-il apporter une nouvelle preuve ? Prenons le sentiment le plus délicat, le plus facile à blesser, celui de la pudeur. Pourquoi la nudité des peintures de Juvénal, lorsqu'aux portefaix de Rome il livre Messaline, remplit-elle l'âme d'une sainte horreur pour le vice, tandis que le style châtié de La Mettrie, chantant la volupté, excite notre dégoût ? C'est que chez l'un chasteté de la pensée purifie l'impudeur des mots, et que chez l'autre la lubricité du sentiment communique à l'artifice de la phrase sa repoussante contagion. C'est une cause analogue qui rend tant de romans modernes moins chastes que les traités de physiologie, où cependant la Vérité ne se cache pas sous le manteau de l'Allégorie. Les romans avec leurs périodes élégantes et cadencées font appel à la sensualité ; le livre de physiologie, feuilleté par une main laborieuse, laisse à l'âme la sérénité que donnent toujours l'amour de la science et le culte du vrai.

Que faut-il conclure de tout ce qui précède ? C'est

que la trivialité est dans l'idée et non dans le mot. Un mot, d'abord noble, peut devenir trivial avec le temps, parce qu'avec le temps l'idée noble associée à l'image triviale disparaît. Il suit de là qu'on doit respecter et non bafouer les littératures anciennes. « Chaque siècle, dit M. Sainte-Beuve, est un juge aussi compétent de ses propres goûts que la postérité. On n'a pas le droit de nier que Ronsard, par exemple, ait été, de son temps, sérieux et sublime ; seulement, nous cessons de le goûter et de le lire. » (*Tableau du dix-huitième siècle.*)

Ensuite un mot bas et trivial peut devenir sublime quand il est uni à une sublime idée. Pascal, Bossuet, Victor Hugo nous en offrent de nombreux et admirables modèles ; car sous le doigt du génie « le plomb vil se change en or. » Si l'esprit de l'auditeur reste insensible à la grandeur et à la beauté de la pensée pour ne s'attacher qu'à la bassesse de l'expression, on peut affirmer que la trivialité est, non pas dans les mots de l'écrivain, mais dans l'auditeur lui-même.

Il en est de même de ces misérables jeux que fait naître l'homonymie ou une bizarre analogie. Si Racine, à la représentation du *Cid*, lorsque l'Infante s'écrie pour peindre l'héroïque don Diègue « *Ses rides sur son front ont gravé ses exploits* » avait, en ce moment, songé aux exploits de l'huissier des *Plaideurs*, Racine serait inexcusable. Résister à l'entraînement d'une belle idée pour ne voir que le côté mesquin ou ridicule de l'expression, c'est faire preuve de frivolité. Ce n'est pas pour ces gens-là que nos grands écrivains ont composé leurs chefs-d'œuvre, ni buriné leurs mots sublimes. Oui, quand une âme est uniquement enflammée de l'amour du juste et du vrai, il n'y a plus rien de trivial dans les mots, pourvu qu'il n'y ait rien de trivial dans l'idée. Ils le savaient bien ces philosophes enthousiastes de vertu, les stoïciens, qui, sans le moindre scrupule, appelaient chaque chose par le nom propre. Si, un jour, régnait universellement parmi les hommes le zèle pour la vertu et pour la vérité, ce jour-là, aurait à jamais disparu toute trivialité et toute bassesse dans le style, parce que les idées étant toujours nobles et chastes, les mots participeraient toujours à la chasteté et à la noblesse des idées. Que cette heure doive ou ne doive pas sonner, peu importe! c'est l'idéal vers lequel il faut tendre, c'est lui qu'il faut sans cesse avoir présent à l'esprit, soit dans nos pensées, soit dans nos actions. Corrigeons d'abord et purifions nos idées, la pureté et la noblesse du style viendront ensuite d'elles-mêmes. C'est, dans un sens plus élevé et plus large, le conseil même de Boileau : « *Avant donc que d'écrire, apprenez à penser.*

En quoi consiste donc la véritable et saine élégance? Est-ce, comme le reproche éloquemment Régnier à l'école de Malherbe,

A regratter un mot douteux au jugement,
Prendre garde qu'un *qui* ne heurte une diphthongue?

C'est singulièrement oublier quelle est la fonction et l'utilité du langage. Le langage n'est qu'un instrument mis au service de la pensée. Son rôle est de la faire connaître dans toute son étendue et dans toutes ses nuances : la clarté et la netteté, voilà ses qualités fondamentales. Comme il est aussi une mélodie pour l'oreille, l'euphonie sera, mais sur un plan très-inférieur, un autre de ses mérites. Tant que l'expression employée ne distrait pas l'imagination vers un objet bas et odieux, mais laisse pleinement à l'intelligence toute faculté de comprendre l'idée, cette expression est excellente. Loin de nous cette recherche puérile des mots qui n'est point fondée sur la raison, mais sur la mode et le caprice ! C'est un grand honneur pour Molière d'avoir, dans la scène du sonnet, victorieusement plaidé la cause de l'idée contre *le style figuré qui sort du bon caractère et de la vérité*. Une fois entré dans cette voie de fausse délicatesse et de style précieux, où trouvera-t-on une assiette solide pour établir la critique? Le goût n'est plus alors qu'un sentiment individuel, sans portée, sans valeur générale. Ses jugements, ne s'appuyant point sur un principe, sont soumis à toutes les variations et à toutes les intempérances d'une mobile imagination. Et puis ce raffinement apporté à l'expression finit par effacer l'idée : on s'inquiète peu de la pensée pourvu que le style soit taillé à mille petites facettes et semble miroiter aux regards. Le langage n'est plus alors le serviteur de la pensée, il devient prépondérant : du deuxième rang il passe au premier. Heureux encore quand le brillant de la forme ne cache pas l'inanité du fond ! Lorsqu'on entend lire une page écrite en ce genre, et qu'une fois la lecture achevée, on se demande ce qu'à voulu démontrer l'auteur, on est tout étonné de ne pouvoir trouver une réponse. Ce n'était qu'une petite musique; elle a cessé, voilà tout. Une littérature qui en est arrivée là touche à la décadence. Une des heureuses conquêtes de la dernière révolution littéraire est d'avoir élargi le cadre étroit où se mouvait le goût au dix-septième et au dix-huitième siècle, surtout en poésie. On a bien senti que la poésie était autre part que dans le regrattage de mots douteux et dans la haine du mot propre. C'est dans la sphère des idées qu'il faut aller chercher la source du bon et vigoureux langage. Agrandir l'intelligence par l'étude et la science, diriger sans relâche l'esprit vers la poursuite élevée du vrai et du bien, voilà l'infaillible moyen d'abolir pour toujours le bas et le trivial. Le trivial ne sera jamais un écueil à redouter pour l'écrivain qui aura pris pour devise : *Res non verba*, des idées et non des mots !

JUSQU'A QUEL POINT EST-IL VRAI DE DIRE QUE DESCARTES ET PASCAL ONT ÉTÉ LES FONDATEURS DE LA PROSE FRANÇAISE ?

Si l'on parlait du fondateur d'un édifice, on comprendrait à l'instant même que l'architecte a tiré de son propre génie le plan d'une œuvre qui n'existait pas. Il s'est servi des matériaux épars sur le sol ; mais l'ordonnance, l'harmonie des lignes, la beauté et l'originalité du style lui appartiennent. Créateur d'un ordre nouveau, il n'a pas eu avant lui de rival digne d'être nommé ; et l'équitable avenir lui décerne, sans contradiction, le nom de Fondateur. En est-il de même de Descartes et de Pascal ? Avant eux, la prose française est-elle encore dans cet état d'incertitude et de confusion où l'on ne distingue rien de fixe, rien d'arrêté ? N'avait-elle que le bégayement de l'enfance, et lui fallait-il le génie d'un Descartes pour s'élever tout à coup à l'élocution mâle et sévère de l'âge viril ? C'est à l'histoire littéraire de répondre ; et si, avant Descartes, les écrivains n'ont que des accents naïfs, traînants ou sans vigueur, Descartes sera le fondateur de la prose française.

Certes, c'est un beau langage que celui du philosophe qui écrivait ces lignes : « J'avais éprouvé de si extrêmes contentements depuis que j'avais commencé à me servir de cette méthode, que je ne croyais pas qu'on en pût recevoir de plus doux ni de plus innocents en cette vie; et découvrant tous les jours par son moyen quelques vérités qui me semblaient assez importantes et communément ignorées des autres hommes, la satisfaction que j'en avais remplissait tellement mon esprit, que tout le reste ne me touchait point. Dieu nous ayant donné à chacun quelque lumière pour discerner le vrai d'avec le faux, je n'eusse pas cru devoir me contenter des opinions d'autrui un seul moment, si je ne me fusse proposé d'employer mon propre jugement à les examiner lorsqu'il serait temps; et je n'eusse su m'exempter de scrupule en les suivant, si je n'eusse espéré de ne perdre pour cela aucune occasion d'en trouver de meilleures en cas qu'il y en eût; et enfin je n'eusse su borner mes désirs ni être content, si je n'eusse suivi un chemin par lequel, pensant être assuré de l'inquisition de toutes les connaissances dont je serais capable, je le pensais être, par même moyen, de celle de tous les vrais biens qui seraient jamais en mon pouvoir; d'autant que, notre volonté ne se portant à suivre ni à fuir aucune chose que selon que notre entendement la lui représente bonne ou mauvaise, il suffit de bien juger pour bien faire, et de juger le mieux qu'on puisse pour faire aussi tout son mieux, c'est-à-dire pour acquérir toutes les vertus, et ensemble tous les autres biens qu'on puisse acquérir; et lorsqu'on est certain que cela est, on ne saurait manquer d'être content. » (*Discours sur la Méthode*.)

Si sévère et si hardi que soit ce style, cent ans avant Descartes, un autre écrivain avait une diction aussi ferme, aussi nerveuse, aussi précise : cet homme, c'est Calvin. « Je confesse qu'on ne vient pas du premier coup à idolâtrie manifeste; mais petit à petit on vient d'un abus à l'autre, jusqu'à ce qu'on trébuche à l'extrémité. Tant y a que le peuple qui se dit chrétien en est venu jusque-là qu'il a pleinement idolâtré en cet endroit autant que firent jamais païens. Car on s'est prosterné et agenouillé devant les reliques tout ainsi que devant Dieu; on leur a allumé torches et chandelles en signe d'hommage; on y a mis sa fiance; on a là eu son recours, comme si la vertu et la grâce de Dieu y eût été enclose. Si l'idolâtrie n'est sinon transférer l'honneur de Dieu ailleurs, nierons-nous que cela ne soit idolâtrie ? Et ne faut excuser que ça été un zèle désordonné de quelques rudes et idiots, ou de simples femmes. Car ç'a été un désordre général, approuvé de ceux qui avaient le gouvernement et conduite de l'Eglise; et même on a colloqué les os des morts et toutes autres reliques sur le grand autel, au lieu le plus haut et le plus éminent, pour les faire adorer plus authentiquement. Voilà donc comme la folle curiosité, qu'on a eue du commencement à faire trésor de quelques reliques, est venue en cette abomination toute ouverte, que non-seulement on s'est détourné de Dieu pour s'amuser à choses corruptibles et vaines ; mais que, par sacrilége exécrable, on a adoré les créatures mortes et insensibles au lieu du Dieu vivant. » Et ce passage où Calvin raille d'une façon si piquante certaines reliques : « Mais le joyau le plus férial est des douze peignes des Apôtres qu'on montre à Notre-Dame-de-l'Ille, sus Lyon. Je pense bien qu'ils ont été, du commencement, mis là pour faire accroire qu'ils étaient aux douze pairs de France. Mais depuis, leur dignité s'est accrue, et sont devenus apostoliques. »

Dirait-on qu'un siècle sépare Calvin de Descartes ! Il y a une bien moindre distance entre ces deux grands écrivains qu'entre le style de Descartes et celui de Voltaire. Et qu'on ne vienne pas dire que Calvin est un accident ; car cette langue si mâle et déjà si bien dessinée, vous la retrouverez dans plus d'un contemporain. Ecoutez plutôt le chancelier de l'Hôpital : « Considérons que la dissolution de notre Eglise a été la cause de la naissance des hérésies ; et la réformation pourra être cause de les éteindre. Nous avons ci-devant fait comme les mauvais capitaines, qui vont assaillir le fort de leurs ennemis avec toutes leurs forces, laissant dépourvus et dénués leurs logis Il nous faut dorénavant garnir de vertus et bonnes mœurs, et puis les assaillir avec les armes de charité, prières, persuasions, paroles de Dieu, qui sont propres à tel combat. La bonne vie, comme dit le proverbe, persuade plus que l'oraison ; le couteau vaut peu contre l'esprit, si ce n'est à perdre l'âme ensemble avec le corps. Regardez comment et avec quelles armes vos prédécesseurs, anciens Pères, ont vaincu les hérétiques de leur temps. Nous devons par tous moyens essayer de retirer ceux qui sont en erreur, et ne faire comme celui qui voyant l'homme ou bête chargée dedans la fosse, au lieu de la retirer lui donne du pied. Nous les devons aider sans attendre qu'on demande secours. Qui fait autrement est sans charité : c'est plus haïr les hommes que les vices. Prions Dieu incessamment pour eux, et faisons tout ce que possible nous sera, tant qu'il y ait espérance de les réduire et convertir. La douceur profitera plus que la rigueur. Otons ces mots diaboliques, noms de partis, factions et séditions, luthériens, huguenots, papistes : ne changeons le nom de chrétiens ! » On ne dira pas que ce soit-là un style sans précision, sans lignes arrêtées, ni majesté.

Quand une langue a déjà produit de telles œuvres, sa prose n'est plus à fonder. L'édifice a une base solide, et les ornements qui lui manquent viendront d'eux-mêmes avec le temps. L'héritage n'a point failli entre les mains des successeurs de Calvin et de l'Hôpital. Les auteurs de la satyre *Ménippée* ont su trouver, pour défendre leur roi, une éloquence aussi virile et un style non moins vigoureux. « O Paris, qui n'est plus Paris, mais une spélunque de bêtes farouches, une citadelle d'Espagnols, Wallons et Napolitains, un asile et une sûre retraite de voleurs, meurtriers et assassinateurs, ne veux-tu jamais te ressentir de ta dignité et te souvenir qui tu as été, au prix de ce que tu es? Ne veux-tu jamais te guérir de cette frénésie qui, pour un légitime et gracieux roi, t'a engendré cinquante roitelets et cinquante tyrans? Te voilà aux fers, te voilà en l'inquisition d'Espagne, plus intolérable mille fois et plus dure à supporter aux esprits nés libres et francs, comme sont les Français, que les plus cruelles morts dont les Espagnols ne sauraient aviser. Tu n'as pu supporter une légère augmentation de tailles et d'offices et quelques nouveaux édits qui ne t'importaient nullement; et tu endures qu'on pille tes maisons, qu'on te rançonne jusques au sang, qu'on emprisonne tes sénateurs, qu'on chasse et bannisse tes bons citoyens et conseillers, qu'on pende, qu'on massacre tes principaux magistrats. Tu le vois, et tu l'endures; tu ne l'endures pas seulement, mais tu l'approuves et le loues, et n'oserais et ne saurais faire autrement. Tu n'as pu supporter ton roi si débonnaire, si facile, si familier, qui s'était rendu comme concitoyen et bourgeois de ta ville, qu'il a enrichie, qu'il a embellie de somptueux bâtiments, accrue de forts et superbes remparts, ornée de priviléges et exemptions honorables. Que dis-je? pu supporter, c'est bien pis : tu l'as chassé de sa ville, de sa maison, de son lit. Quoi, chassé? tu l'as poursuivi. Quoi, poursuivi? tu l'as assassiné, canonisé l'assassinateur, et fait des feux de joie de sa mort; et tu vois maintenant combien cette mort t'a profité ! »

Ce serait un étrange aveuglement que de biffer d'un seul trait les Amyot, les La Boétie, et surtout celui qui fut, à plus d'un égard, le maître de Pascal, c'est-à-dire Michel Montaigne. Pascal a sans doute beaucoup étudié la philosophie de Montaigne, mais il a non moins sérieusement étudié son style; et l'influence de l'auteur des *Essais* sur l'auteur des *Pensées* est aussi éclatante que vraie.

La tentative de Rousard avait failli jeter hors de sa voie naturelle l'austère idiome de Calvin et de l'Hôpital. Les efforts de deux hommes célèbres ramenèrent la langue française dans son lit et lui firent reprendre son cours régulier. Balzac fit pour la prose ce que Malherbe fit pour la poésie. Tous deux réussirent à purifier la langue des mots parasites, empruntés au grec, au latin et à l'italien, et lui conservèrent son génie propre. Le style de Balzac, savamment composé, est un modèle d'élégance et de netteté. C'est, armé de ce style, qu'il précéda Pascal dans l'attaque contre les jésuites; car ce n'est pas d'aujourd'hui que la sainte compagnie s'est attiré la haine des honnêtes gens. « La cour, dit Balzac, a produit de certains docteurs qui ont trouvé le moyen d'accorder le vice avec la vertu et de joindre ensemble des extrémités si éloignées. On donne aujourd'hui des expédients à ceux qui ont volé le bien d'autrui pour le pouvoir retenir en pleine conscience. On enseigne aux princes à entreprendre sur la vie des autres princes, après les avoir déclarés hérétiques en leur cabinet. On leur apprend à abréger les guerres dont ils appréhendent la longueur et la dépense, par des assassinats où ils ne hasardent que la personne d'un traître, et à se défaire de leurs propres enfants sans aucune forme de procès, pourvu que ce soit du consentement de leurs confesseurs. Outre cela, comme si Notre-Seigneur était mercenaire et qu'il se laissât corrompre par présents, comme si c'était le Jupiter des païens qu'ils appelaient au partage de la proie et du butin, après un nombre infini de crimes dont ils sont coupables, on ne leur demande ni larmes, ni restitution, ni pénitence; il suffit qu'ils fassent quelque légère aumône à l'Église. On compose avec eux de ce qu'ils ont pris à mille personnes pour une petite partie qu'ils donnent à d'autres à qui ils ne doivent rien; et on leur fait accroire que la fondation d'un couvent ou la dorure d'une chapelle les dispense de toutes les obligations du christianisme et de toutes les vertus morales. »

Pourrait-on opposer à l'allure dégagée de la phrase de Balzac la période traînante de Descartes? L'une est embarrassée encore dans son éducation latine; elle se déploie avec un trop long cortége de membres accessoires. L'autre, vive, alerte, au pied léger, a presque toute la perfection que Voltaire devait lui donner. Descartes, si grand qu'il soit par l'esprit, est inférieur à Balzac pour la prose. Ce dernier a un cachet plus moderne.

A Dieu ne plaise que l'on veuille ici comparer Balzac à Pascal, le rhéteur uniquement jaloux de la forme au philosophe soucieux par-dessus tout de la pensée. Cependant Pascal n'est pas en avant de Balzac pour la prose, c'est-à-dire que la prose de Balzac et celle de Pascal ont, au même degré, les caractères de l'époque. Cette opinion peut sembler paradoxale;

elle n'est cependant que l'expression rigoureuse de la vérité. Et en effet, si l'on compare deux écrivains d'une même époque, on reconnaît que l'originalité de chacun provient, soit de l'énergie de l'expression et de son habile emploi, soit du mouvement donné à la phrase par l'émotion du cœur ou le feu de l'imagination. Mais tous les deux ont quelque chose de commun, c'est le tour de la phrase, la manière dont elle est coupée, le dessin en un mot, et aussi le vocabulaire. Ces caractères généraux sont précisément ce qui donne à la prose d'un siècle sa physionomie et sa valeur particulière. Selon qu'avec le temps ils changent, la prose a changé avec eux. Lorsque le dessin se perfectionne et que le vocabulaire s'épure ou s'agrandit, la prose est en progrès. Mais si l'allure de la phrase s'alourdit et que le vocabulaire perde sa fleur d'élégance par l'introduction d'éléments barbares, la prose est en décadence. C'est donc par le dessin et le vocabulaire que l'on doit juger si la prose d'un siècle est supérieure à celle d'un autre. C'est surtout par l'emploi des mots du même vocabulaire, par le mouvement ainsi que par les pensées que l'on juge de la supériorité d'un écrivain sur un autre contemporain. Eh bien ! comparez Balzac à Pascal, seulement sous le premier point de vue, vous reconnaîtrez dans la prose de Balzac les mêmes caractères généraux que dans celle de Pascal : ce sont ceux de la belle période du siècle de Louis XIV. « En voyant l'aveuglement et la misère de l'homme, dit Pascal, en regardant tout l'univers muet, et l'homme sans lumière, abandonné à lui-même et comme égaré dans ce recoin de l'univers, sans savoir qui l'y a mis, ce qu'il y est venu faire, ce qu'il deviendra en mourant, incapable de toute connaissance, j'entre en effroi comme un homme qu'on aurait porté endormi dans une île déserte et effroyable, et qui s'éveillerait sans connaître où il est, et sans moyen d'en sortir. Et sur cela, j'admire comment on n'entre point en désespoir d'un si misérable état. Je vois d'autres personnes auprès de moi, d'une semblable nature : je leur demande s'ils sont mieux instruits que moi : ils me disent que non ; et sur cela, ces misérables égarés ayant regardé autour d'eux et ayant vu quelques objets plaisants, s'y sont donnés et s'y sont attachés. Pour moi, je n'ai pu y prendre d'attache en considérant combien il y a plus d'apparence qu'il y a autre chose que ce que je vois : j'ai recherché si ce Dieu n'a pas laissé quelques marques de soi. »

Après cet admirable tableau, où le peintre, par la puissance de son émotion, entr'ouvre à notre imagination une perspective qui la trouble, il serait inutile de faire à Pascal l'injure de citer après lui Balzac, si le débat n'était point porté sur un champ beaucoup plus restrein. De quoi s'agit-il, en effet? Il s'agit de montrer, pièces en main, qu'avant Pascal il y avait une prose française, une prose dont l'allure est aussi libre et le vocabulaire aussi noble. Ces preuves, nous les avons déjà données ; en voici une dernière empruntée à Balzac célébrant la naissance du Christ : « Une étable, une crèche, un bœuf et un âne ! quel palais, bon

Dieu, et quel équipage ! Cela ne s'appelle pas naître dans la pourpre, et il n'y a rien ici qui sente la grandeur de l'empire de Constantinople. Ne soyons pas honteux de l'objet de notre adoration; nous adorons un enfant, mais cet enfant est plus ancien que le temps. Il se trouva à la naissance des choses; il eut part à la structure de l'univers; et rien ne fut fait sans lui, depuis le premier trait de l'ébauchement d'un si grand dessin jusqu'à la dernière pièce de sa fabrique. Cet enfant fit taire les oracles avant qu'il commençât à parler. Il ferma la bouche aux démons étant encore dans les bras de sa mère, son berceau a été fatal aux temples et aux autels, a ébranlé les fondements de l'idolâtrie, a renversé le trône du prince du monde. Cet homme promis à la nature, demandé par les prophètes, attendu des nations, cet homme enfin, descendu du ciel, a chassé, a exterminé les dieux de la terre. »

Certes, Pascal est un écrivain unique, incomparable; il l'est, parce que, selon sa propre expression, au lieu d'un auteur, on trouve en lui un homme; et quel homme ! un effrayant génie, ainsi que l'appelait Châteaubriand. Balzac, au contraire, qui sacrifie toujours l'idée à la forme, n'est qu'un auteur. Mais la langue de Pascal n'est pas plus moderne que celle de Balzac; mais le dessin de sa phrase n'est pas plus correct et plus pur. Et comme l'originalité du génie de Pascal le rend inaccessible à toute imitation, tandis que Balzac laisse facilement échapper le secret de sa savante diction, il s'ensuit que le rhéteur Balzac a peut-être rendus plus de services à la prose que l'inimitable Pascal. C'est le témoignage que lui rend un contemporain : « Tous ceux qui depuis Balzac ont bien écrit en prose, et qui écriront bien à l'avenir en notre langue, lui en auront l'obligation. »

Cependant tout n'est pas entièrement faux dans l'assertion de l'École critique qui prétend que Descartes et Pascal ont fondé la prose française. Si la prose de Descartes est inférieure à celle de Balzac, il n'en est pas moins vrai que la révolution philosophique soulevée par Descartes mettait ses ouvrages dans toutes les mains. Ils étaient feuilletés, lus, étudiés par tous les esprits bien faits. Ils offraient donc à chaque instant une doctrine à méditer, et pour le style un modèle à suivre. La vigueur de Pascal et son originalité sans rivale lui valaient et lui assurent à jamais des lecteurs et des admirateurs enthousiastes. Il y a là pour la prose française une assise indestructible. Aujourd'hui on ne lit guère Balzac et ses devanciers; aussi est-on tenté de supprimer le passé et de n'ouvrir l'histoire de la prose qu'à la page qu'ont signée Descartes et Pascal. Mais qu'est-ce que cela prouve? sinon notre ignorance des origines de notre littérature, et, en même temps, une grande légèreté de jugement.

Finissons-en avec ces dénominations absolues qui sont hors de la vérité! Il n'y a pas de fondateur de langue, ou plutôt, le fondateur, c'est le peuple tout entier dans la série des âges. Tout commence par la confusion et le désordre ; c'est la période d'enfantement. Mais au fur et à mesure que les mœurs s'adoucissent et que les lumières s'étendent, l'ordre se fait dans ce chaos. Le langage accomplit par degrés ses évolutions, et prend une physionomie de mieux en mieux accusée. Mais qu'un homme, par un inconcevable effort de génie, aille s'élever au-dessus de son siècle et le doter d'une prose dont la perfection n'appartient qu'à l'avenir, voilà un prodige que démentent tous les enseignements de l'histoire! « On ne s'affranchit pas de la loi du temps, dit M. Littré, la condition relative, si évidente dans le développement scientifique, est, quoique plus cachée et en dépit des préjugés prévalents, réelle en la série des œuvres de l'art. Déplacez Dante de deux siècles; ce qu'il produira, ce sera une chanson de geste. En France, en Angleterre, en Italie, le génie est sorti des entrailles de la société; et la société a reconnu et adoré le fruit de ses entrailles. Shakspeare aussi, reculé de deux cents ans, ne domptera pas la loi du temps : il fera des mystères. » Ce qui est vrai des conceptions de l'art, l'est aussi du style, puisqu'en dernière analyse, c'est dans le style que se résout la valeur littéraire d'une œuvre. Transportez Descartes et Pascal à l'époque des Joinville et des Comine, ils pourront se distinguer d'eux par l'emploi plus ou moins heureux des expressions dans la traduction de leur pensée, mais ces expressions seront celles mêmes dont se servaient les Joinville et les Comine. Leur phrase aura le même dessin, et de leur style tout entier s'exhalera le même parfum d'antiquité.

Ainsi donc, pour arriver à la perfection relative qu'elle a dans les écrits de Descartes et de Pascal, la prose a dû fatalement passer par une suite de phases, tantôt rapides, tantôt lentes, selon que les circonstances extérieures venaient entraver ou précipiter sa marche. Et cette théorie, fondée sur la connaissance des lois qui régissent toutes les évolutions humaines, si multiples qu'elles soient, l'histoire littéraire est là qui la confirme par des faits. Il n'y a pas un abîme entre le passé et le dix-septième siècle, il y a eu progrès; et pas un anneau ne manque à la chaîne. Par conséquent aussi, est-ce une erreur de croire que la langue a été fixée à jamais dans cette brillante époque? Une langue ne peut être fixée et demeurer stationnaire qu'à une condition, c'est que les mœurs elles-mêmes resteront stationnaires. Or, le mouvement qui entraîne les hommes, soit en avant, soit parfois en arrière ou dans les directions les plus diverses, ce mouvement n'éprouve point d'arrêt. Une langue n'est donc jamais fixée. Que certaines qualités demeurent acquises, cela n'est pas contestable. Ainsi la phrase, telle que nous l'a léguée Voltaire, paraît devoir rester consacrée dans le domaine littéraire. Le changement alors se manifeste dans une autre partie. Le dix-septième et le dix-huitième siècles inclinaient vers le dessin; le dix-neuvième penche vers la couleur. Une révolution politique qui a renouvelé la face de la nation, l'étude récente des littératures étrangères ont lancé les esprits dans une direction qui n'est plus celle de nos ancêtres. Et ce n'est pas être téméraire que de conjecturer, dans l'avenir, de nouvelles vicissitudes pour les idées, et, partant, pour la prose de nouvelles destinées.

Telle est la marche des choses. Il n'est pas plus au pouvoir d'un écrivain de fonder la langue que de la fixer. Oui, il serait injuste de nier la légitime part d'influence qu'ont eue Descartes et Pascal sur le développement de la prose française; mais il n'est pas vrai de dire qu'ils en sont les fondateurs.

LE NÉOLOGISME.

« Il me semble, dit Voltaire dans son *Dictionnaire philosophique*, que lorsqu'on a eu dans un siècle un nombre suffisant de bons écrivains, devenus classiques, il n'est plus guère permis d'employer d'autres expressions que les leurs, et qu'il faut leur donner le même sens ; ou bien, dans peu de temps, le siècle présent n'entendrait plus le siècle passé. » Et après cette condamnation des néologismes, Voltaire en cite plusieurs qui avaient cours de son temps, et qu'il raille avec sa sûreté de goût et sa verve ordinaire.

Malgré l'autorité de Voltaire, il est impossible d'admettre ce principe dans sa rigueur absolue. Comment pourrait-on se réduire exclusivement aux termes connus et employés par les écrivains du dix-septième siècle ? A chaque instant les mœurs changent ; d'autres inventions et d'autres idées viennent agrandir le champ où se meut l'intelligence humaine. A ces mœurs nouvelles, à ces nouvelles inventions, aux nouvelles relations qui s'établissent entre les hommes, il faut des mots nouveaux. Notre époque surtout a besoin du néologisme. Le goût et la culture des sciences, qui d'abord réclament un vocabulaire particulier, ont donné à notre esprit un plus vif amour de la précision. On aime qu'une idée simple soit traduite par une expression simple et non par une périphrase. On s'inquiète peu de l'euphonie pourvu que l'expression rende la pensée avec clarté et avec brièveté. Aller droit au but, voilà pour nous la première condition du langage. L'élégance, objet du culte principal pour une époque d'artistes, ne peut pas occuper la première place dans les soucis d'un siècle avide de connaître le vrai, et qui est plus jaloux de définir et d'analyser les choses que de polir et de raffiner le style.

Et puis, il faut avouer que l'on ne sait guère en quoi consiste l'élégance. L'élégance, dira-t-on, consiste dans l'heureux choix des termes. — Quels sont les termes dont le choix est heureux? — Ceux que les bons auteurs du dix-septième siècle ont employés. — Alors l'élégance au dix-neuvième siècle sera d'employer les seules expressions du dix-septième. Et maintenant en quoi consistait l'élégance au dix-septième siècle? Était-ce à copier le siècle précédent? ou bien, les écrivains ont-ils créé leur élégance en créant leur langue? Tel est le dilemme. Ou il faudra remonter d'âge en âge et s'avouer impuissant à définir l'élégance, ou bien, pour la création et la transformation d'une langue, donner au dix-neuvième siècle le privilége qu'on accorde au dix-septième. Pourquoi, en effet, le dix-neuvième siècle ne pourrait-il pas enrichir sa langue, s'il suit les lois de formation de cette langue, et s'il obéit aux mêmes nécessités de la pensée ?

Il est donc impossible d'opposer une fin de non-recevoir à tout mot nouveau qui fait son entrée dans un idiôme, car les peuples marchent, et avec eux leur langage. Que le néologisme soit absurde et mauvais chez une nation qui resterait absolument stationnaire, cela est juste. Mais, Dieu merci ! nous n'en sommes point là.

Ainsi, la légitimité du néologisme est un fait acquis; reste à fixer à quelles conditions le néologisme doit obtenir droit de cité. Il ne s'agit ici que des mots nouveaux et non des applications nouvelles de mots anciens.

Le néologisme doit d'abord être justifié par l'absence d'un mot propre et simple pour exprimer une idée. Ainsi, les verbes *utiliser*, *activer*, *démoraliser*, créations du dix-neuvième siècle, ont leur raison d'être parce qu'ils expriment clairement et en un seul mot, ce qu'on était obligé d'exprimer en deux ou plusieurs mots, rendre utile, donner de l'activité, altérer les mœurs ou le moral. Une armée *démoralisée* est une armée qui a perdu toute espérance, tout courage, qualités qui composent en partie ce qu'on appelle le *moral* du soldat.

Le néologisme doit être dérivé directement d'un mot déjà connu, en observant les règles qui ont présidé à la formation de la langue. Ainsi, *utiliser* est légitimement dérivé de *utilité*, *activer* de *actif*, *démoraliser* de *moral*. Par la même raison, *régulariser*, qui vient de *régularité*, sera très-bon parce qu'il exprime en un seul mot ce qu'il fallait traduire par *donner de la régularité* et parce que sa dérivation est conforme aux lois de la langue. De *régulariser* découle naturellement *régularisation*, action de régulariser, mot qui manquait à l'idée. De même que laconisme donne l'adjectif *laconique;* dogmatisme, *dogmatique;* fanatisme, *fanatique;* on ne voit pas pourquoi *antagonisme* ne donnerait pas *antagonique*, employé par des économistes contemporains, tels que F. Bastiat et P.-J. Proudhon. *Antagonique* exprime particulièrement et avec précision une idée que comprend aussi mais non uniquement le mot *rival*. Car un rival peut fort bien suivre la même ligne de conduite que son rival : « Ce sont deux rivaux de gloire. » Le mot *rival* n'exprime pas toujours et nécessairement l'opposition et la lutte. Quant à *antagoniste*, il désigne l'homme en qui se produit l'*antagonisme*. On peut donc conclure que l'adjectif *antagonique* exprimant seul avec précision une idée précise, et étant formé régulièrement, a droit d'être admis dans la langue française. Il y a dans cette innovation plus de mesure et de respect pour les lois de la langue que dans l'introduction du verbe *féliciter*, forgé par Balzac et admis par Vaugelas, et cela quand on avait déjà le verbe *complimenter* exprimant absolument la même idée. Mais Balzac et Vaugelas sont du dix-septième siècle! Merveilleux siècle, siècle de grandes dames, où l'on ne pouvait s'encanailler, quoique le mot soit d'elles!

Le néologisme est mauvais quand, importé d'une

langue étrangère, il forme double emploi avec les mots français. Ainsi, M. de Lamartine a eu tort dans ce vers de *la Chute d'un Ange*, d'employer le mot bulbul pour désigner le rossignol : « Elle vit un bulbul à la liquide voix. » C'est un véritable barbarisme. Les écrivassiers de nos jours abondent en barbarismes de cette sorte : le vague et la force sont devenus chez eux la vaguesse et la robustesse. Et ils appellent cela régénérer le français !

A plus forte raison le néologisme est-il mauvais lorsqu'il est inintelligible. Ainsi, dans ce vers de Victor Hugo : « Monsieur, vous avez l'air tout encharriboté (*le Roi s'amuse*), » personne n'a jamais su ce que c'est qu'avoir l'air encharriboté.

Le néologisme est nécessaire lorsqu'il faut exprimer un fait nouveau. Ainsi, *électriser* a été naturellement et à bon droit créé par les savants physiciens de notre siècle. De même aussi, la Révolution de 89, en établissant une nouvelle forme de gouvernement fondée sur le suffrage populaire a rendu général l'emploi du verbe *voter*, réservé auparavant aux seuls religieux qui élisaient leur prieur. *Voter* a donné naissance à *vote* et ensuite à *votation*. Par un phénomène inverse, *acclamation* a fait naître *acclamer*, c'est-à-dire proclamer ou saluer avec acclamations. Acclamer est une conquête de la République de Février. La République a péri, le mot est resté : *Habent sua fata libelli*. C'est ainsi que le changement et le progrès dans les mœurs et dans les coutumes amènent nécessairement des innovations dans les langues.

Le néologisme est bon quand, pour exprimer une chose qui existe dans la société, mais n'est point traduite par un mot en français, on tire régulièrement ce mot de celui qui exprime cette chose dans la langue ancienne ou étrangère. C'est ainsi qu'a été formé par Balzac le mot *urbanité*. Voici ce que dit Balzac lui-même de cette expression aujourd'hui si élégante : « Quand l'usage aura mûri parmi nous un mot de si mauvais goût et corrigé l'amertume qui s'y trouve, nous nous y accoutumerons. » Ménage, qui protége aussi l'urbanité, avoue qu'il en faut user sobrement : « C'est, dit-il, un trop grand mot pour s'en servir devant les dames. » Et si l'on songe qu'un grand nombre de mots, autrefois nobles et de bon ton, sont devenus bas et triviaux, le mot *crasse*, par exemple, jadis synonyme de poussière, on verra clairement que l'élégance n'est qu'une mode édifiée par le caprice du temps et que le temps détruit avec aussi peu de raison.

La conclusion à tirer est toute naturelle, c'est que la précision et la netteté sont les grandes qualités que doit avoir le style, et que si un néologisme est net, précis, nécessaire et formé régulièrement, il importe peu que l'amertume de la nouveauté lui enlève cette qualité ondoyante et mobile qu'on appelle l'élégance.

LE GOUT.

Il n'est personne qui n'ait porté à ses lèvres un verre plein d'un bon vin que les années ont parfumé. Toutes les papilles de la langue dressent leurs houppes nerveuses pour s'imprégner de la généreuse liqueur; l'œil étincelle, et, sous l'impulsion du plaisir, les joues se parent d'un plus vif coloris. Tel est le gourmet; tel aussi est l'homme de goût. Donnez-lui à lire quelque admirable passage, par exemple la belle scène où Monime résiste à Mithridate qui lui a arraché son secret, vous le verrez alors s'animer; l'éclat de ses yeux devient plus brillant, et de ses lèvres entr'ouvertes s'échappe un murmure d'admiration. C'est que les sentiments si bien exprimés par Monime ont éveillé en lui les mêmes sentiments; c'est que l'admirable accord entre la passion et la parole, a trouvé dans son intelligence un juge qui applaudit; et l'intelligence satisfaite a fait naître dans l'âme une sympathique émotion. Intelligence et sympathie, voilà le goût tout entier. Et ces deux sentiments sont inséparables. « Il faut, dit Vauvenargues, non-seulement avoir de l'âme pour avoir du goût, il faut avoir aussi de la pénétration, parce que c'est l'intelligence qui remue le sentiment. Ce que l'esprit ne pénètre qu'avec peine ne va pas souvent jusqu'au cœur, ou n'y fait qu'une impression faible. » Cela est tellement vrai que l'homme inculte reste insensible devant les chefs-d'œuvre littéraires parce qu'il ne les comprend point ; comme aussi l'homme intelligent, mais dénué de sensibilité, restera froid, quoiqu'il ait saisi l'idée dans toute son étendue. Car avoir de l'âme, c'est sentir par une répercussion sympathique les émotions qui ont agité le cœur d'autrui. L'âme de l'homme de goût est comme une harpe dont les cordes ténues résonnent au moindre souffle ; et plus elles sont promptes à vibrer, plus aussi le goût a de délicatesse. Rien ne lui échappe, pas même les nuances les plus fines, parce que ces nuances excitent en lui un sentiment qui leur répond.

En vertu de cette sensibilité, l'homme de goût n'aimera point ce qui ne trouvera pas d'écho dans son âme, ou ce qui, loin de se concilier sa sympathie, la froissera par quelque chose de rude et de grossier. Les antithèses pénibles et recherchées, les métaphores outrées, le rapprochement de mots qui hurlent d'effroi de se voir accouplés, en un mot, tout ce qui est hors de la nature est condamné par le goût, parce que le goût, fondé sur un sentiment exquis de la nature, ne peut accepter ce qui la dépasse ou la blesse. Voilà pourquoi on a censuré le vers de Racine : « Brûlé de plus de feux que je n'en allumai, » car l'incendie de Troie n'a ni rapport ni proportion avec l'amour de Pyrrhus, si violent qu'il soit.

Ce ne sont pas seulement les simples détails que le goût peut blâmer, il arriva même qu'un passage tout entier qui, pris en soi, est irréprochable, soit critiqué dans son ensemble parce qu'il n'est pas à sa place. Ainsi, Thésée, tremblant pour le sort de son fils, attend-il l'arrêt fatal de la bouche de Théramène? Ce n'est pas le moment de lui décrire en vers magnifiques un monstre dont la queue se recourbe en replis tortueux. Est-ce qu'un père à qui l'on vient d'annoncer la mort de son enfant est capable d'entendre et de sentir la beauté d'une description? Que lui importent les écailles jaunissantes d'un dragon impétueux, ou son haleine empoisonnée! « Mon fils? où est mon fils?... Vit-il encore? — Hippolyte n'est plus! » Ces mots entendus, un père n'a plus que des larmes à verser; il ne voit plus, il n'écoute plus; et sur le dos de la mer une humide montagne a beau s'élever à gros bouillons, rien ne saurait toucher l'homme qu'a frappé un si cruel malheur. Voilà ce que sent l'homme de goût parce que son âme émue comprend et partage la douleur d'un père.

Au contraire, Ulysse, après avoir appris à Agamemnon que sa fille est sauvée, lui fait-il le récit de ce merveilleux événement? tout est conforme aux règles du goût, car notre âme sent que le père, dans sa joie, doit se plaire aux moindres détails du prodige qui lui a rendu son Iphigénie. Cependant Agamemnon eût mieux fait de courir d'abord embrasser sa fille. Ce baiser lui eût donné certainement plus de courage pour essuyer la longue tirade d'Ulysse.

Il faut de l'âme pour avoir du goût : cela est vrai dans cette limite. Mais quelle est la mesure du goût? quels en sont les degrés, et comment les reconnaître? « Il y a dans l'art un point de perfection, comme de bonté ou de maturité dans la nature. Celui qui le sent et qui l'aime a le goût parfait ; celui qui ne le sent pas et qui aime en deçà ou au-delà, a le goût défectueux. Il y a donc un bon et un mauvais goût, et l'on dispute des goûts avec fondement. » (LA BRUYÈRE.) Soit, mais quel est ce point de perfection? Y a-t-il une règle sûre, une méthode infaillible qui puisse le trouver et l'établir avec certitude? En un mot, y a-t-il absolument un bon goût et un mauvais goût, ou bien le goût est-il relatif? Il faut pour cela étudier le goût lui-même et ses vicissitudes.

On entend par goût ce qui dans la sympathie et l'intelligence a pour objet le beau. Or, selon que la sensibilité aura plus ou moins de délicatesse, et l'intelligence plus ou moins de pénétration, le goût aura plus ou moins de finesse et de sûreté. Il y aura donc des degrés dans le goût, comme il y a des degrés dans la sensibilité et dans l'intelligence. On peut entrevoir par là quelle variété on trouvera dans le goût. De même qu'il y a des qualités naturelles et des qualités acquises, de même aussi on distingue un goût naturel et un goût acquis.

Le goût naturel embrasse les qualités de la sensibilité et celles de l'intelligence qu'on apporte en naissant, antérieurement à toute instruction. « Notre manière d'être est entièrement arbitraire ; nous pouvions avoir été faits comme nous sommes, ou autrement. Mais si nous avions été faits autrement, nous verrions autrement ; un organe de plus ou de moins dans notre machine nous aurait fait une autre éloquence, une autre poésie; une contexture différente des mêmes organes aurait fait encore une autre poésie: par exemple, si la constitution de nos organes nous avait rendus capables d'une plus longue attention, toutes les règles qui proportionnent la disposition du sujet à la mesure de notre attention ne seraient plus ; si nous avions été rendus capables de plus de pénétration, toutes les règles qui sont fondées sur la mesure de notre pénétration tomberaient de même; enfin toutes les lois établies sur ce que notre machine est d'une certaine façon, seraient différentes si notre machine n'était pas de cette façon. » (MONTESQUIEU. *Essai sur le Goût*.) Ainsi le goût dépend de l'organisation même du corps. Il s'ensuit que l'organisation diverse des individus doit nécessairement amener des différences de goût. Ce que Montesquieu a si bien montré pour l'organisation humaine en général, Cabanis le prouve avec la même force pour les organisations particulières. « Les hommes ne se ressemblent point par la manière de sentir; l'âge, le sexe, le tempérament mettent en eux de notables différences; et dans le même homme, les diverses impressions ont, suivant leur nature et suivant beaucoup d'autres circonstances accessoires, un degré très-inégal de force ou de vivacité. Cela posé, l'on voit que certaines idées doivent tour à tour, ou ne pas naître, ou devenir dominantes; qu'une personne peut être frappée, saisie, maîtrisée par des impressions que l'autre remarque à peine ou ne sent même pas ; que l'image des objets disparaît quelquefois au premier souffle, comme les figures tracées sur le sable, d'autres fois acquiert un caractère de persistance et pour ainsi dire d'obstination qui peut aller jusqu'à rendre sa présence dans la mémoire incommode et pénible ; que ces impressions, si peu semblables chez les divers individus, doivent résulter des tournures très-diverses d'esprit et d'âme ; et que de l'association ou de la comparaison, chez le même homme, d'impressions inégales dans les diverses circonstances doivent résulter également des idées, des raisons, des déterminations très-variables qui ne permettent pas de leur assigner de type fixe ou constant, et surtout de type commun à tout le genre humain. » (*Rapports du physique et du moral.*) Au milieu de cette diversité de tempéraments, d'âge et de sexe d'où résultent des intelligences diverses, comment pourrait-il y avoir un goût absolu ?

A ces influences il faut joindre celle du climat. « Non-seulement la manière de sentir est différente chez les hommes à raison de leur organisation primitive et des autres circonstances de l'âge et du sexe, exclusivement dépendantes de la nature, mais elle est modifiée puissamment par le climat ; elle l'est aussi par le régime, le caractère ou l'ordre des travaux ; en un mot, par l'ensemble des habitudes physiques. » (CABANIS.) Cependant, parmi les individus d'une même nation, l'histoire et la science nous révèlent un certain nombre de tendances communes qui se transmettent de génération en génération, et donnent à cette nation son caractère distinctif. Il doit donc y avoir chez un peuple, parmi la variété même des goûts individuels, plusieurs traits communs à tous qui, réunis, forment le goût général de ce peuple.

Mais quand on passe d'une race à une autre, on est frappé des profonds changements qu'amène dans le goût l'influence du climat et du genre de vie. Que l'on compare les littératures des peuples du Nord à celles des peuples du Midi, et l'on verra quelle ligne de démarcation sépare le goût des uns d'avec celui des autres. Est-il rien de plus opposé à la sobriété de la prose française que la richesse de la prose orientale? Là les termes sont abstraits, la phrase est vive et courte; ici les images sont brillantes; reflet d'une riche nature, elles ornent un style qui se déploie avec une majestueuse ampleur. Certes, les vastes épopées indiennes témoignent d'un goût tout autre que celui qui présida à la composition de l'*Iliade*. Le goût de Virgile n'est plus celui d'Homère. On le voit donc, le goût naturel varie non-seulement d'un homme à un autre homme, mais aussi et surtout d'une nation à une autre nation, d'une latitude à une autre latitude; si bien qu'on pourrait appliquer au goût la grande parole de Pascal: Vérité en deçà des Pyrénées, erreur au-delà.

Et maintenant, qu'est-ce que le goût acquis? Le goût acquis est celui qui provient de l'éducation reque, des études habituelles, du milieu où l'on vit. Il n'est peut-être rien qui influe sur nos idées et détermine la direction de notre esprit autant que le fait l'éducation reçue dans notre jeunesse. Pétri par une main savante, à l'âge où il est encore tendre et flexible, le cerveau conserve une profonde empreinte que souvent rien ne peut effacer. Or, comme nos mœurs dépendent de notre intelligence, Leibnitz a pu s'écrier avec raison : « Changez le système d'éducation, et vous changerez la face du monde. » Restreinte à la sphère littéraire, l'éducation n'en joue pas moins un rôle quelquefois prépondérant dans la formation du goût. Au dix-septième siècle, l'étude des œuvres latines et le culte des anciens avaient donné à la société polie un cachet uniforme, surtout lorsque Boileau et Molière eurent effacé les derniers vestiges de l'afféterie italienne. Le bon goût était alors nettement défini ; ses règles étaient rédigées dans des traités didactiques. Quand on disait de tel ou tel écrivain « c'est un homme de goût », on savait ce que cet écrivain aimait ou rejetait; on savait à quel ordre d'idées répondait une telle qualification. En est-il de même aujourd'hui? Tout est changé. L'éducation n'est plus renfermée dans le même cercle : elle embrasse bien d'autres objets. Le salon a péri, et avec lui le grand seigneur. Aujourd'hui, fils de plébéiens, endurcis à la lutte, nous qui avons dévoré cinq ou six littératures, nous ne pouvons plus avoir le même goût qu'au dix-septième siècle. Bien plus ! nous n'avons guère pour lui qu'une pitié dédaigneuse, et lorsqu'on vient nous vanter La Harpe, cet héritier de la férule de Boileau, nous nous écrions: La Harpe avait du goût, heureux qui n'en a point! Veut-on juger de la différence de sens qu'attachent au mot goût le dix-septième et le dix-neuvième siècles? Comparez deux écrivains que leurs contemporains ont appelés tous deux des esprits délicats, madame de La Fayette et Alfred de Musset. Madame de La Fayette fait ainsi parler madame de Clèves à M. de Nemours: « Je ne vous dirai point que je n'ai pas vu l'attachement que vous avez eu pour moi; peut-être ne me croiriez-vous pas quand je vous le dirais; je vous avoue donc non-seulement que je l'ai vu, mais que je l'ai vu tel que vous pouvez souhaiter qu'il m'ait paru. » (*Princesse de Clèves*.) « Quand Alfred de Musset met en scène les grands seigneurs, il a beau être le plus délicat et le plus charmant esprit de notre siècle, il leur prête des phrases de plébéien et d'artiste mal appris. Ses comtes et ses marquises eussent choqué chez madame de La Fayette. Si une femme avait lâché ce mot: « Vous autres, hommes à la mode, vous n'êtes que des confiseurs déguisés, » on l'aurait trouvée boutiquière. Si un homme eût dit à une femme, en se jetant à ses genoux: « Je vais vous faire une déclaration vieille comme les rues et bête comme une oie, » on l'eût mis à la porte en lui répondant: « Monsieur, je n'écoute pas de pareilles ordures. » (TAINE.) Cette divergence de goût, qui tient à l'éducation, nous pouvons chaque jour en vérifier la réalité. Il en est qui, élevés dans le giron de l'Église classique, ne brûleront jamais d'encens sur d'autres autels que ceux du dix-septième siècle. Aveuglés par leur fétichisme pour cette grande littérature, ils ne voient pas que, née de mœurs qui ne sont plus, elle est allée rejoindre ses aînées dans la vaste nécropole où gisent les Grecs et les Latins. L'éducation première les a voués pour toujours à ce genre de goût dont le sieur Despréaux est le grand-prêtre. Tout le monde enfin sait par expérience combien il est difficile de secouer le joug des idées dont on a été imbu dans l'adolescence; et que même après de longs efforts et d'opiniâtres travaux, l'homme mûr conserve, souvent et malgré lui, quelque chose des premiers enseignements.

Tel est le goût acquis. Si on le compare au goût naturel, on remarque « qu'il est soumis à des règles, tandis que le goût naturel n'est pas une connaissance de théorie, mais une application prompte et exquise des règles mêmes que l'on ne connaît pas. » (MONTESQUIEU.) Cependant, tout ce qui regarde directement l'un regarde indirectement l'autre. « Car le goût acquis affecte, change, augmente et diminue le goût naturel, comme le goût naturel affecte, change, augmente et diminue le goût acquis. » (MONTESQUIEU.) Le goût acquis peut-il parvenir à changer radicalement le goût naturel? Vauvenargues ne le pense pas : « Il est vrai, dit-il, que les habiles reforment nos jugements; mais ils ne peuvent changer notre goût, parce que l'âme a ses inclinations indépendantes de ses opinions. De là vient qu'on voit des ouvrages critiqués du peuple, qui ne lui en plaisent pas moins, car il ne les critique que par réflexion, et il les goûte par sentiment. » A l'autorité du moraliste s'ajoute celle du physiologiste philosophe : « La puissance des causes modificatrices est toujours subordonnée jusqu'à un certain point aux tendances qui résultent de l'empreinte originelle. Si cette empreinte est profonde, l'expérience nous apprend qu'elle peut résister à toutes les impressions ultérieures, et lors même qu'elle est plus superficielle, elle tempère toujours l'action des causes qui tendent à l'altérer : car elle ne leur est soumise qu'en tant que l'économie animale est susceptible de recevoir des séries d'impressions nouvelles ; et le caractère de ces impressions dépend lui-même en grande partie des dispositions antérieures de tout l'organe sentant. » (CABANIS.) Toutes ces opinions sont résumées dans le vers célèbre de Destouches : *Chassez le naturel, il revient au galop.* (*Le Glorieux*, acte III, scène V.) Cette observation nous explique pourquoi Racine, malgré Boileau et malgré son propre jugement, aimait à lire le *Virgile travesti* de Scarron. Son intelligence condamnait cette débauche d'esprit ; mais la verve comique de Scarron trouvait une naturelle sympathie dans l'âme de Racine, si portée à l'épigramme et au trait satirique.

Ainsi partout règne la variété, soit dans le goût naturel, soit dans le goût acquis. Le seizième siècle qui fit *un égout de ses yeux, un fourneau de son cœur,* n'a pas le même goût que les deux siècles suivants. Ceux-ci, à leur tour, diffèrent du dix-neuvième. Le goût français n'est pas celui de l'Angleterre, ni de l'Allemagne, ni de toute autre contrée. Pour avoir traité de clinquant la poésie du Tasse, Boileau a attiré sur lui-même et sur notre poésie cet amer sarcasme de Byron : « Ce Boileau, esprit envieux et mesquin, incapable de supporter des chants qui faisaient honte à la lyre discordante de son pays, lyre de laiton aux sons monotones, supplice des dents qu'elle agace. » (*Child-Harold*, IV.) Dira-t-on maintenant qu'il existe un goût absolu? L'absolu, c'est l'invariable ; et ici tout est variable. « Si Homère, Shakspeare et Racine revenaient au monde, dit M. Littré, ils se hâteraient de rentrer dans leurs tombeaux pour ne pas voir combien toutes les conditions d'art et de beauté qui firent leur vie sont changées. » Oui, tout change, tout est dans un flux perpétuel ; le monde et les sociétés ne sont qu'un éternel devenir. Les idées, les mœurs se succèdent, et les goûts avec elles. On n'a pas le droit de jeter l'anathème à une littérature passée ou étrangère au nom du goût de son propre temps et de sa patrie. Qu'est-ce que le goût d'un temps, si ce n'est en grande partie une mode qui tient à un état de choses, passager comme tous ceux qui l'ont précédé, comme le seront tous ceux qui le suivront dans l'avenir. « L'homme, comme toute chose vivante, change avec l'air qui le nourrit. Il en est ainsi d'un bout à l'autre de l'histoire : chaque siècle, avec des circonstances qui lui sont propres, produit des sentiments et des beautés qui lui sont propres; et à mesure que la race humaine avance, elle laisse derrière elle des formes de société et des sortes de perfection qu'elle ne rencontre plus. Aucun âge n'a le droit d'imposer sa beauté aux âges qui précèdent; aucun âge n'a le devoir d'emprunter sa beauté aux âges qui précèdent. Il ne faut ni dénigrer, ni imiter, mais inventer et comprendre. Il faut que l'histoire soit respectueuse et que l'art soit original. Il faut admirer ce que nous avons et ce qui nous manque; il faut faire autrement que nos ancêtres et louer ce que nos ancêtres ont fait. » (TAINE.)

Ceci est le goût en grand, aurait dit Buffon : il importe maintenant de connaître comment il doit s'exercer dans les détails. Le goût étend son domaine sur les idées et sur les mots. Quant aux idées, il y a dans le goût quelque chose d'universel qui ne peut pas périr. La nature humaine est partout la même au fond. Il y a, pour ainsi dire, un patrimoine de sentiments commun à tous les hommes, une source de joies et de douleurs qui jaillit également de tous les cœurs. C'est là que se rencontrent et se reconnaissent tous les grands écrivains, quel que soit leur nom, Homère ou Milton, Shakspeare ou Racine. Mieux on connaît le cœur de l'homme; mieux on en reproduit les naturelles émotions, plus le goût s'épure et s'agrandit. Quant aux mots, c'est là qu'éclate la divergence dans les goûts, c'est là qu'est leur partie essentiellement transitoire et éphémère. On oublie que les expressions ne sont que le vêtement de la pensée; que si les expressions sont claires et rendent la pensée dans toute son étendue, il n'y a plus rien à désirer. L'élégance, qui consiste dans le regrattage de mots douteux et dans le choix arbitraire des métaphores, n'est qu'une mode, un caprice né d'hier et que demain emportera. Il n'y a pas d'élégance; l'élégance n'est qu'un vain nom. Si l'élégance existait réellement, si elle était une chose, on pourrait la définir : on ne la définira jamais.

Il est un homme au dix-septième siècle, qui n'a jamais hésité à prendre le premier mot venu pourvu que ce mot traduisît sa pensée. Cet homme-là, c'est Molière. Quand une soubrette devient importune par son caquet, il lui dit tout crûment par la bouche de Madame Pernelle : « Vous êtes m'amie, une fille suivante un peu trop forte en gueule. » Eh bien ! quelqu'un aujourd'hui oserait-il accuser le goût de Molière? Fénelon, lui, l'a osé; car son éducation latine et grecque, ses habitudes de grand seigneur, et aussi la nature même de son génie, avaient plié son esprit à un type consacré du beau. Grâce à Hégel, nous ne sommes plus enchaînés par aucune théorie arbitraire et exclusive; nous donnons tort, sur ce point, au goût de Fénelon qui, du reste, est celui de son siècle. De nos jours, tout homme qui comprend le progrès de l'Humanité et sait lire dans l'histoire le secret de ses continuelles évolutions, celui-là s'inquiète peu des mots, mais toujours de la pensée. Si, possédant toutes les ressources de la langue, il désire ménager le goût de ses auditeurs, il saura modeler son discours d'après leurs préjugés. On lui décernera le titre d'homme de goût sans que cependant, sous cette forme d'emprunt, il ait cessé d'être aussi indifférent pour l'élégance de l'expression qu'il l'est peu pour la justesse de la pensée. C'est donc sur la pensée qu'il convient de concentrer toutes les forces de l'intelligence; c'est la pensée qui doit être l'objet du goût, et après elle la clarté et la justesse de l'expression. Rien de plus. Molière a la gloire d'avoir nettement posé la question du goût dans la scène du Sonnet et de l'avoir résolue en faveur de l'idée. Aussi, lorsqu'un Oronte nous confiera qu'il désespère alors même qu'il espère toujours, nous répondrons à Oronte : « J'aime mieux m'amie, ô gué! j'aime mieux m'amie! »

L'HOTEL DE RAMBOUILLET.

GRANDEUR ET DÉCADENCE.

Au sortir des longues guerres du seizième siècle, la cour n'était guère un lieu convenable pour les femmes vertueuses et bien élevées. Henri IV avait sans doute les deux grandes qualités de tout homme d'État consommé, *beaucoup d'esprit et pas de cœur :* ce qui lui a valu l'admiration de la postérité. Mais après avoir pillé, massacré, incendié pendant les longues années que dura la guerre de la Ligue, Henri et ses gentilshommes avaient conservé, sous les habits dorés de la cour, les mœurs licencieuses des camps et le langage dévergondé des lansquenets. Par un singulier mais explicable phénomène, on s'était épris d'une belle passion pour les manières espagnoles. « On ne voyait à Paris que Français espagnolisés. Le costume, la pose, le langage, tout rappelait les fiers soldats qu'on avait si longtemps combattus et admirés. Barbe pointue, feutre à longs poils, pourpoints et hauts-de-chausses à demi-détachés, rubans aux jambes, fraises empesées, telle était la mine des gens comme il faut. On n'entendait dans la bouche des cajoleurs de cour qu'exclamations et admirations castillanes. Ils réitéraient des *Jésus-sire*, et criaient en voix dolente : *il en faut mourir*. » (DEMOGEOT.) Antonio Pérez, ancien secrétaire de Philippe II, puis maître d'espagnol de Henri IV, introduisit le *cultorisme*, mauvais goût mis à la mode en Espagne par le poète Gongora. Le cultorisme sévit encore avec plus d'intensité lorsque le cavalier Marino eut apporté d'Italie ses concetti alambiqués et ses fades peintures. C'est en de telles circonstances que « la marquise de Rambouillet, d'origine florentine, ouvrit sa chambre bleue, qui devint bientôt le rendez-vous préféré des beaux-esprits et des femmes les plus distinguées. L'hôtel de Rambouillet fut un centre d'opposition élégante et modérée destiné à combattre indirectement les barbarismes et les orgies de la cour par la pureté du langage et des mœurs. » (GÉRUZEZ.)

Placée dans de telles conditions, cette institution littéraire devait, en vertu même des lois de l'esprit humain, passer par une filière certaine de qualités et de défauts. Dans un salon où les femmes règnent en souveraines et donnent le ton à une société choisie; dans un cercle d'élite dont le but est de lutter contre la contagion de la caserne, la pensée et la langue française devaient acquérir une délicatesse et une pureté que jusqu'alors elles n'avaient point connues. Chacun bannissait à l'envi les locutions triviales qui auraient offensé le goût et la pudeur de l'incomparable Arthénice. C'est en ce moment que régna dans sa plus grande splendeur la galanterie française. « La galanterie ne veut dire ni la recherche dans l'expression de l'amour, ni l'inconstance dans le plaisir. La galanterie, telle que l'entendent les vraies précieuses du dix-septième siècle, est ce mélange d'empressement et de respect envers les femmes dont la première origine se trouve dans la chevalerie. » (SAINT-MARC GIRARDIN). Un amour platonique, où le cœur avait peu de part, il est vrai, aiguisait toutefois l'esprit, le poussait naturellement à de fines analyses des sentiments. La délicatesse de la pensée amenait d'elle-même la délicatesse de l'expression. Les romans de madame de La Fayette en sont la fleur la plus exquise et la plus charmante. Une autre précieuse, mademoiselle de Scudéry, a eu souvent aussi ce même bonheur dans ses analyses si déliées. « De même que la vie rend le corps sensible, l'amour anime l'âme et l'esprit, et lui donne je ne sais quelle vie, qui fait qu'il sent mieux toutes choses; et on peut presque dire qu'un homme a l'âme paralytique lorsqu'il est absolument sans amour, puisqu'il est vrai qu'il ne sent pas la moitié des choses qu'un homme amoureux peut sentir. » Sous le masque ridicule des personnages antiques dont elle fait les héros de ses romans, mademoiselle de Scudéry n'en a pas moins décrit de véritables sentiments. Et non-seulement elle a su trouver souvent la finesse et la vérité, mais encore elle a quelquefois rencontré le pathétique et la grandeur. Si l'on veut oublier les noms latins, n'y a-t-il pas comme un écho de la grande scène entre Pauline et Sévère dans ces adieux que Lucrèce, mariée contre son gré à Collatin, fait à Brutus, son amant : « Comme je vous ai toujours aimé avec innocence, et que je ne le puis plus faire puisque je suis à Collatin, il faut, quand j'en devrais mourir, que je ne vous voie jamais ; et je vivrai même si bien avec Collatin, que j'espère qu'excepté ma mélancolie, il n'aura rien à me reprocher. — Lorsqu'elle fut à la porte du cabinet de verdure où cette conversation s'était faite, elle se tourna vers lui, les yeux couverts de larmes, et lui tendant cette main qu'elle avait retirée d'entre les siennes : « Adieu, Brutus ! lui dit-elle ; veuillent les dieux que l'innocence de notre affection me puisse du moins permettre de me souvenir de vous et que vous puissiez aussi vous souvenir de moi. » (*Roman de Clélie*.)

C'est à l'hôtel de Rambouillet que naquirent l'art et le goût de la conversation. Jusque-là on avait disputé, prêché, harangué, on commença enfin cette vie commune de l'esprit qui caractérise la nation française : on conversa. (DEMOGEOT.)

Cette réunion eut un autre avantage, ce fut de servir de public aux écrivains en attendant qu'il se formât un public véritable. « C'était, dit Saint-Simon, le rendez-vous de tout ce qui était le plus distingué en condition et en mérite, un tribunal avec lequel il fallait compter, et dont la décision avait un grand poids dans le monde sur la conduite et sur la réputation des personnes de la cour et du grand monde. »

C'est à ces causes que l'hôtel de Rambouillet avait dû les brillantes qualités qui le mirent en renom, c'est aux mêmes causes qu'il doit imputer sa décadence. L'influence des femmes entraîne avec elles des conséquences nécessaires. La langue du salon où elles dominent aura la grâce, la délicatesse, mais elle sera dépourvue de nerf et d'énergie. Telle est la force des choses. Partout où la femme exerce une sorte de royauté, l'homme, pour lui plaire et faire naître un sourire sur ses lèvres, contiendra son esprit dans une sphère d'idées très-étroite et finira par perdre toute virilité. Les saillies ingénieuses et naturelles, les tours simples et faciles sont bientôt épuisés. Or, il faut à tout prix tenir éveillé l'esprit de la femme qu'on encense, piquer par quelque chose de neuf sa curiosité émoussée. De là cette recherche dans le trait aussi éloignée de la vérité que du naturel; cette attention scrupuleuse à se maintenir dans la région des idées moyennes et reçues, et surtout ce désir d'orner ce ce qui n'a pas besoin d'ornement. «On voit dans Voiture et dans les lettres du temps que toute pensée, même gaie et folâtre, prenait alors la grande phrase pour parure. Il est si doux de prouver qu'on a de l'esprit, qu'un écrivain se met, sans le vouloir, en quête de phrases ingénieuses et défigure sa pensée pour la parer.» (TAINE.)

L'amour platonique, qui défrayait la conversation des précieuses et faisait leurs délices, était loin d'être propre à infuser un peu de sève vigoureuse dans les idées et dans le langage. «Le monde élégant de l'hôtel de Rambouillet croit qu'un honnête homme doit être galant et même amoureux dans la jeunesse et jusque dans le commencement de l'âge mûr. Il faut, selon Ménage, aimer quand on est jeune afin de n'être point exposé à aimer quand on est vieux. Telle est la doctrine qu'il prêche gaiement à Chapelain qui lui avait adressé de renoncer à l'amour. Car Ménage était un *coquet* (c'était le nom que lui donnait Mademoiselle de Scudéry), et il raille la sévérité de Chapelain, lui prédisant qu'il aimera étant vieux, en punition de n'avoir pas aimé étant jeune. » (SAINT-MARC GIRARDIN.) Pauvre Ménage ! Il craignait sans doute la paralysie. Malherbe lui-même, Malherbe septuagénaire, et le front couronné de cheveux blancs, murmurait d'une voix chevrotante :

A RHODANTE (la marquise de Rambouillet.)

Chère beauté que mon âme ravie
Comme son pôle va regardant,
  Quel astre d'ire et d'envie
Quand vous naissiez marquait votre ascendant,
  Que votre courage endurci,
Plus je le supplie, moins ait de merci ?

En tous climats, voire au fond de la Thrace,
  Après les neiges et les glaçons,
  Le beau temps reprend sa place,
Et les étés mûrissent les moissons,
  Chaque saison y fait son cours ;
En vous seule on trouve qu'il gèle toujours.

  Je connais bien que dans ce labyrinthe
  Le ciel injuste m'a réservé

> Tout le fiel et tout l'absinthe
> Dont un amant fut toujours abreuvé.
> Mais je ne m'étonne de rien ;
> Je suis à Rhodante, je veux mourir sien.

Lancé sur une telle voie, il était impossible que l'hôtel de Rambouillet ne s'égarât point dans une sensibilité non moins froide qu'affectée. Tout cela finissait par corrompre ce que l'analyse des sentiments avait eu de juste et de fin. On tombait dans une métaphysique alambiquée ; on faisait de la quintessence dont le parfum si cher aux Précieuses nous paraît aujourd'hui subtil ou fade. « Dès qu'on peut penser qu'on n'aimera plus un jour, on cesse d'aimer au même instant ; ou, pour mieux dire, on a déjà cessé d'avoir de l'amour. » C'est Mademoiselle de Scudéry qui a écrit cette phrase. Plus tard un écrivain dira : « Quand on n'aime plus trop, on n'aime plus assez. » Pour ce mot là, Mademoiselle de Scudéry l'eût embrassé, *quoi qu'on die*.

La trivialité de la cour du monarque, que Malherbe ne put dégasconner, avait effarouché les grandes dames du cercle de Rambouillet. Cette crainte avait d'abord contribué à l'épuration de la langue en stimulant l'esprit et le goût des Précieuses. Mais ce n'est pas aux femmes qu'il faut demander la mesure. Tel est leur genre d'esprit qu'il se jette toujours dans les extrêmes. La crainte du trivial les fit échouer contre l'écueil opposé, c'est-à-dire contre l'afféterie et le raffiné. Molière a donné dans les *Précieuses ridicules* de curieux exemples de cette manie. « Il y eut même cela de particulier, c'est que leur dédain pour les idées et le langage vulgaire, uni à la philosophie du pur amour, finit par rendre leur conversation, non seulement prétentieuse, mais encore indécente. Les unes appelaient le mariage l'amour fini ; les autres, l'abîme de la liberté ; d'autres enfin juraient qu'elles ne brutaliseraient jamais avec un homme de chair. Molière a cru devoir adoucir ce langage dans les *Femmes savantes*. » (AIMÉ MARTIN.) Voilà l'excès où les conduisit la peur de s'encanailler.

En présence d'une affectation si contraire au goût et à l'esprit français, on pourrait difficilement trouver une explication plausible, même dans les conditions particulières qui présidèrent à la formation de cette société célèbre, si l'on ne connaissait la déplorable influence exercée sur les esprits par l'Espagne de Gongora et l'Italie de Marino. C'est aussi à l'étranger qu'il faut attribuer cette fureur de tout mettre en antithèses, de rechercher les assonances de mots disposés symétriquement, enfin de peindre par les hyperboles les plus ridicules et par les comparaisons les plus bizarres les choses les plus simples et les plus communes. Chapelain décrit en ces vers le lever matinal de la Pucelle :

La guerrière, en ce temps, quitte le sombre cloître
Et vient avec l'aurore à la terre paroître.
L'éclat qui de leurs fronts se répand à l'entour
Fait douter qui des deux a ramené le jour.

Plus loin, il la dépeint montant à l'assaut d'une forteresse anglaise :

L'Anglais tonne sur elle et tonne à grands éclats ;
Mais bien qu'il la foudroie, il ne l'étonne pas !
Elle dissipe enfin la tempête mortelle
Et luit affreusement au sommet de l'échelle ;

Qu'on ne dise pas que les esprits médiocres furent seuls infectés de cette contagion ! Tous le furent à des degrés différents. Le grand Corneille ne put jamais s'en guérir. Est-ce lui ou Chapelain qui a écrit ces vers :

J'ai de la vie assez pour chercher une mort.
(Sévère, dans *Polyeucte*.)
Ah ! souffrez que tout mort je vive encore en vous.
(*Cinna*.)

Certes, les Précieuses devaient, avec des transports de joie, reconnaître leur disciple dans cette déclaration de Sévère à Pauline :

Pour moi, si mes destins, un peu plus tôt propices,
Eussent de votre hymen honoré mes services,
Je n'aurais adoré que l'éclat de vos yeux,
J'en aurais fait mes rois, j'en aurais fait mes Dieux.

Dans l'abbé Cotin on ne trouverait pas un trait pareil à celui-ci : Philandre, personnage de la comédie de *Mélite*, dit à son amante que son cœur,

Afin de la mieux voir s'est mis à la fenêtre.

L'hôtel de Rambouillet était un salon. Or, il est dans la destinée de toutes les réunions de choix exclusives de dégénérer en coteries. Il faut qu'elles se distinguent, puisque se distinguer est la cause même de leur établissement et la condition de leur durée.

De là naissent fatalement l'affectation et le mépris d'autrui. Leur devise est celle-ci :

Nul n'aura de l'esprit hors les nôtres et nous.

Le sens commun détrôné fait place à l'empire de la mode. « Individu ou cercle, nul ne s'isole impunément. L'esprit littéraire peut naître en serre-chaude, mais non pas y grandir ; rien ne lui est plus fatal que cette foi en soi-même qu'aucun souffle du dehors ne vient jamais ébranler. On s'applaudit entre soi à huis-clos, on s'admire par politesse, on se prête des louanges. Il se forme un petit nombre d'opinions convenues qui n'ont ni la naïveté des inspirations personnelles, ni la vérité des convictions générales. Loin d'éviter cet écueil, les Précieuses s'en firent un jeu. » (Demogeot.) A force de s'écarter du langage vulgaire elles n'étaient plus comprises. C'est ainsi que dans leur vocabulaire les filous devinrent des braves incommodes, les figures de marbre des muets illustres. L'homme y est appelé l'aîné de nature, et un nouvel amant un novice en chaleur. On disait alors que danser c'était tracer des chiffres d'amour ; qu'un souris dédaigneux était un bouillon d'orgueil, et que l'action de tuer plusieurs personnes était un meurtre épais. Qui le croirait ? l'utile et modeste bonnet de nuit devint le complice innocent du mensonge. Molière n'a rien exagéré dans les *Précieuses ridicules*.

« MAROTTE. — Voilà un laquais qui demande si vous êtes au logis, et dit que son maître vous veut venir voir.

« MADELON. — Apprenez, sotte, à vous énoncer moins vulgairement. Dites : voilà un nécessaire qui vous demande si vous êtes en commodité d'être visible. »

Somaize, dans son grand *Dictionnaire des Précieuses*, a donné un recueil complet des expressions dont elles se servaient. Ce qu'il y a de piquant, c'est que Somaize trouve cela admirable et blâme vertement Molière de son irrévérence. « L'étude des Précieuses est un rien galant, dit-il, un je ne sais quoi de fin et le beau tour des choses. Elles ont reçu du ciel une âme dont l'harmonie s'accorde si bien avec celle de leur corps qu'elles forment ensemble un concert charmant de belles qualités. Elles ne sauraient souffrir ceux qui ne savent ce que c'est que galanterie ; et comme elles tâchent de bien parler, elles disent quelquefois des mots nouveaux sans s'en apercevoir, qui, étant prononcés avec un air dégagé et avec toute la délicatesse imaginable, paraissent souvent aussi bons qu'ils sont extraordinaires. « (*Grand Dictionnaire des Précieuses*.) Malgré la protestation de Somaize qui, du reste, combattait pour ses propres foyers, la postérité a confirmé l'arrêt porté par Molière. Et cela par une raison bien simple. Toute œuvre fondée sur les qualités essentielles de l'esprit national reste debout malgré l'injure des siècles : telles sont les comédies de Molière. Mais l'œuvre qui n'est qu'une mode est emportée au premier choc, comme l'est tout ce qui n'a pas de racine.

Ainsi s'éclipsa l'hôtel de Rambouillet. L'éclat dont

il brilla pendant plusieurs années, et le discrédit où ensuite il tomba sont dus aux mêmes causes, et ces causes sont les conditions mêmes où il fut fondé. Un salon où régnaient les femmes, une réunion d'esprits gâtés par le mauvais goût de l'Espagne et de l'Italie devaient être entraînés dans un cercle inévitable de qualités et de défauts. Soustraite à la grossièreté du roi Vert-Galant et de ses compagnons d'armes, la langue acquit sans doute plus de pureté. L'esprit fin et délicat des femmes d'élite, reines du cénacle littéraire, lui communiqua quelque chose de sa finesse et de sa délicatesse exquise. Mais un salon qui ne laisse entrer aucun profane, un salon qui ferme sa porte au bon sens public devient, par un châtiment mérité, étranger au public. Les Précieuses sont sorties des voies de l'esprit national, et à son tour la nation ne les reconnaît plus. Puis, un beau jour, un homme s'élève qui porte en lui le génie de sa race. Il s'indigne, lui, l'enfant trempé aux sources du vrai et du naturel, de toutes ces mièvreries écloses dans une serre artificielle et viciées par l'air corrupteur de l'étranger. Vengeur du bon sens, il saisit le fouet de la comédie et en flagelle toute cette littérature fardée. Les *Précieuses ridicules* furent le premier coup frappé par Molière. Et quand le grand poète eut composé les *Femmes savantes*, l'hôtel de Rambouillet, déjà en ruines, s'affaissa pour jamais au milieu des éclats de rire. Molière l'avait renversé, ce fut La Bruyère qui écrivit l'épitaphe : « On a vu, dit-il, il n'y a pas longtemps, un cercle de personnes des deux sexes, liées ensemble par la conversation et par un commerce d'esprit. Ils laissaient au vulgaire l'art de parler d'une manière intelligible. Une chose dite entre eux peu clairement en entraînait une autre encore plus obscure, sur laquelle on enchérissait par de vraies énigmes, toujours suivies de longs applaudissements. Par tout ce qu'ils appelaient délicatesse, sentiments, tour et finesse d'expression, ils étaient enfin parvenus à n'être plus entendus et à ne s'entendre pas eux-mêmes. » (*De la Société et de la Conversation.*)

INFLUENCE DU DISCOURS DE LA MÉTHODE.

§ I⁽ʳ⁾. AVANT LE DISCOURS. — «Le diable m'emporte si je croyais rien alors, dit le maréchal d'Hocquincourt; depuis ce temps, je me ferais crucifier pour la religion. Ce n'est pas que j'y voie plus de raison, mais je ne saurais vous dire, je me ferais crucifier sans savoir pourquoi. — Tant mieux, répondit le Père jésuite d'un ton de nez fort dévot, tant mieux ! Ce ne sont point là des mouvements humains, cela vient de Dieu. Point de raison, c'est la vraie religion ! » (BAYLE, *Éclaircissements sur les Pyrrhoniens.*)

Point de raison ! tel était en effet et tel est encore aujourd'hui le mot d'ordre de l'Église. Lorsqu'au milieu de l'immense troupeau d'ilotes courbés sous le joug de la superstition s'élevait une voix dissidente, on l'étouffait dans les supplices. Jordan Bruno périssait sur le bûcher; et les flammes en étaient à peine éteintes, que Vanini éprouvait le même sort. Campanella restait vingt-cinq ans en prison et sept fois subissait la torture. C'était le bon vieux temps. Le catholicisme s'était donné pour tâche d'anéantir la pensée afin d'assouvir à son aise sa soif insatiable de l'or et de la domination. Et cette tâche, il l'accomplissait avec une implacable rigueur.

D'un autre côté, les philosophes, façonnés de longue main à l'obéissance, en avaient contracté l'habitude. On n'osait s'affranchir de la tutelle du maître, on jurait par lui ; et l'esprit humain tournait dans un cercle sans issue. Certes, Aristote eût été bien étonné, lui, le disciple hardi qui avait rompu avec Platon pour rester fidèle à la vérité, si on lui eût dit qu'un jour, avec l'approbation de l'Église, il deviendrait le tyran des intelligences. Ramus avait payé de sa vie sa tentative avortée pour renverser l'idole péripatéticienne. Gassendi, contemporain de Descartes, avait renouvelé avec plus de succès les attaques; mais, comme il ne faisait que remplacer Aristote par Épicure, la raison changeait de chaîne sans prendre son libre essor.

§ 2. INFLUENCE DU DISCOURS SUR L'ESPRIT PHILOSOPHIQUE. — Enfin Descartes vint qui renia le passé tout entier, brisa tous les liens, et proclama la souveraineté absolue de la Raison. Et en effet, si Aristote et Platon commandent le respect et la conviction, ce n'est point parce qu'ils sont contraires à la raison, mais bien parce qu'ils en sont les fidèles interprètes. Par conséquent, puisque leur opinion n'a de valeur que si elle est confirmée par la raison, on doit sans doute examiner avec la plus rigoureuse attention toute idée émise par ces hommes de génie, mais aussi la rejeter sans crainte si la raison la rejette. Abandonner la raison pour s'asservir à l'autorité des maîtres, « c'est, dit Descartes, imiter ces voyageurs qui, abandonnant la route royale pour prendre un chemin de traverse, errent parmi les ronces et les précipices. » (*Recherche de la vérité par la lumière naturelle.*) Arrière donc tous les livres, entraves de l'intelligence ! C'est à la seule et unique source de certitude, à la Raison, qu'il faut demander l'explication des choses. « Il n'est pas nécessaire que l'honnête homme ait lu tous les livres, ni qu'il ait appris avec soin tout ce que l'on enseigne dans les écoles; bien plus, ce serait un vice de son éducation s'il avait consacré trop de temps aux lettres..... Dans cet ouvrage, j'ai voulu mettre au jour les véritables richesses de nos âmes, en ouvrant à chacun la voie qui lui fera trouver en lui-même et sans rien emprunter aux autres la science qui lui est nécessaire pour régler sa vie et pour acquérir ensuite, en s'exerçant, toutes les connaissances les plus curieuses que l'esprit humain puisse posséder. » (*Recherche.*) C'est ainsi que furent rompus les fers qui enchaînaient la liberté philosophique.

Quant au catholicisme, Descartes ne cessa de protester de son dévouement et s'efforça même de présenter sa réforme comme une auxiliaire de la religion. La raison, selon lui, ne faisait que démontrer ce que la Révélation avait appris à l'homme; elle lui était subordonnée, et, en définitive, elle aboutissait à la parole de l'Apôtre : *Obsequium rationabile.* Les théologiens philosophes furent séduits. Quoique soumis aveuglément aux dogmes de la Foi, l'esprit aime à se mouvoir librement dans la sphère où il s'est enfermé et dont il ne veut point franchir les limites. Mais il n'en fut point ainsi des théologiens politiques. Leur intelligence, peu curieuse de rechercher la vérité, sut deviner dans la Raison l'implacable ennemie des religions. Ils prévirent que si l'on n'étouffait pas sur-le-champ cet esprit d'examen qui prétendait tout soumettre à sa critique supérieure, c'en serait fait de leur pouvoir. Vains efforts ! ils purent persécuter Descartes et le contraindre à l'exil, mais l'idée cartésienne resta victorieuse; et lorsque plus tard les théologiens, par une autre tactique, essayèrent de convaincre la Raison d'impuissance, déjà un disciple du Maître avait répondu à leurs arguments. « Pour repousser la raison, ils l'appellent elle-même à leur secours, et prétendent par des raisons certaines convaincre la Raison d'incertitude. Il y a plus : c'est que, pendant qu'ils cherchent par des démonstrations mathématiques à mettre en un beau jour la vérité et l'autorité de la théologie, tout en ruinant l'autorité de la raison et de la lumière naturelle, ils ne font autre chose que mettre la théologie dans la dépendance de la raison et la soumettre pleinement à son joug; en sorte que toute son autorité est empruntée, et qu'elle n'est éclairée que des rayons que réfléchit sur elle la lumière naturelle de la raison. » (SPINOZA, *Traité théologico-politique.*)

§ 3. INFLUENCE DU DISCOURS SUR L'ESPRIT FRANÇAIS. — Des théories cartésiennes il ne reste rien; l'édifice s'est abîmé : *etiam perière ruinæ*. Mais le *Discours de la Méthode* n'en a pas moins été l'initiateur et le guide de la philosophie moderne. En enseignant que la seule raison peut découvrir le vrai, Descartes fut comme l'instituteur des penseurs illustres qui l'ont suivi. L'influence du *Discours de la Méthode* sur l'esprit philosophique en Europe fut aussi grande qu'incontestable. Celle qu'il exerça particulièrement sur l'esprit et la langue française tient à la nature même de la race française. « Il n'y a pas encore de science des races, et on risque beaucoup quand on essaye de se figurer comment le sol et le climat peuvent les façonner. Il les façonne pourtant ; et les différences des peuples européens, tous sortis d'une même souche, le prouvent assez. L'air et les aliments font le corps à la longue; le climat, son degré et ses contrastes produisent les sensations habituelles, et à la fin la sensibilité définitive : c'est là tout l'homme, esprit et corps, en sorte que du ciel et du sol dépend tout l'homme. » (TAINE, *Fables de La Fontaine*.) Si l'anthropologie n'a pas encore pu fonder un système scientifique, il n'en est pas moins vrai que les races se distinguent l'une de l'autre par des caractères particuliers. Les caractères propres aux mœurs et à l'esprit ont une expression bien connue, c'est la littérature. Or les premiers écrivains de la France ainsi que leurs successeurs conservent, au milieu des changements amenés par le progrès, la même physionomie, le même génie. « Leur style n'a pas de couleur et ne donne pas de secousses. Les subites et éclatantes visions, les violentes accumulations de sentiments concentrés ou épanchés, toute passion, toute splendeur y manque. Ils écrivent sans images ni figures, aisément, tranquillement, avec la suite d'une eau claire et coulante. Ils trouvent à l'instant et sans effort l'expression juste, et atteignent du premier coup l'objet en lui-même, sans s'empêtrer dans le magnifique manteau des métaphores, sans être troublés par l'afflux trop grand des émotions. Bien plus, ils voient aussi nettement les liaisons des choses que les choses elles-mêmes. Jamais leur discours ne dévie ni ne bondit; ils vont pas à pas, de degré en degré, d'une idée dans l'idée voisine, sans omissions ni écarts. Ils portent partout cet esprit mesuré, fin par excellence. » (TAINE, *Fables de La Fontaine*.)

Ainsi, dans l'esprit français prédomine la raison, non cette faculté puissante qui féconde la métaphysique, mais celle qui saisit les analogies, dispose avec art, organise, et qui se résout, dans le style, en cette qualité fondamentale qu'on appelle la clarté. Or, ce que les écrivains français faisaient jusque-là sans principes et presque par instinct, Descartes leur apprit à le faire avec réflexion et en donna la théorie dans le *Discours de la Méthode*. En établissant l'évidence comme signe distinctif de la vérité, il répondait à cet amour de la clarté qui nous possède. Le moyen d'arriver à l'évidence, Descartes l'exposait dans ses trois dernières règles : c'était d'avoir recours à l'analyse, à l'analogie et à la synthèse. Cette méthode convenait si bien à l'esprit français que ce dernier s'en servit pour critiquer les doctrines mêmes de Descartes. Le cartésianisme succomba au dix-huitième siècle sous les coups du sensualisme triomphant. Mais celui-ci, malgré sa victorieuse rébellion, n'en est pas moins le fils légitime et l'héritier direct du *Discours de la Méthode*. Condillac, tout en partant d'un point de vue opposé, n'a fait qu'appliquer les règles de Descartes. Son système peut manquer de profondeur ; *paupertina philosophia*, a dit Leibnitz avec un injuste dédain, mais pas une théorie mieux que la sienne ne répond à l'esprit français par le défaut même de profondeur, par sa lucidité merveilleuse et sa simplicité qui touche à la grandeur.

La marche géométrique de Descartes, qui procède par déduction, devait aussi plaire au peuple dont la nette intelligence suit aisément le fil de la logique. Et lorsque la Révolution fit explosion en 1789, Descartes eût pu reconnaître l'influence du *Discours de la Méthode* dans cette Assemblée qui tirait, sans hésiter, d'un axiôme toutes ses conséquences, en s'écriant : « Périssent les colonies plutôt qu'un principe ! »

§ 4. INFLUENCE DU DISCOURS DE LA MÉTHODE SUR LA LANGUE FRANÇAISE. — Le *Discours de la Méthode* n'eut une telle influence sur l'esprit français que parce qu'il lui présentait le modèle achevé de ses propres qualités. « Le génie est sorti des entrailles de la société, dit M. Littré, et la société a reconnu et adoré le fruit de ses entrailles. » Ce n'était pas un nouveau lit qu'offrait au courant de l'esprit français la méthode de Descartes ; mais elle creusait le lit ancien, enserrait le fleuve dans des rives solides, et ainsi en augmentait l'impétuosité et la force. En fut-il de même pour la

langue ? Certains critiques l'ont affirmé. Bien plus !
Descartes, selon eux, serait le créateur de la langue
ferme et noble qu'aujourd'hui nous parlons. Cette
assertion ne peut tenir contre les faits.

Tout d'abord une preuve péremptoire la renverse,
c'est qu'avant la publication du *Discours de la Méthode*
florissaient deux écrivains supérieurs, Malherbe et
Balzac. Le style de Balzac et de Malherbe (dans ses
lettres) est coupé avec plus d'art, l'allure de la phrase
est plus vive, mieux dégagée de ces membres accessoires qui alourdissent la période de Descartes. Si l'on
objecte que les lettres de Malherbe n'étaient pas publiques, on ne peut nier que Balzac ne dut sa célé-
brité à un recueil de lettres publié en 1624. Qu'importe,
du reste ! Puisque avant Descartes existaient des
hommes qui écrivaient mieux que lui, ce n'est pas ce
philosophe qui les a formés. Le vrai fondateur de la
belle langue qu'on a parlée dans le dix-septième et
dans le dix huitième siècle, ce n'est pas Descartes,
c'est Malherbe. Et par langue ici il faut entendre la
prose aussi bien que la poésie. Qu'est-ce en effet que
la poésie française avant le dix-neuvième siècle ? Ce
n'est pas autre chose qu'une magnifique prose avec
des rimes et des inversions. Il ne suffit pas de montrer
quelques rares lambeaux d'un style vraiment poétique pour que l'on accorde le nom de poésie aux œuvres de nos devanciers. Ces œuvres sont admirables
sans doute, mais par d'autres côtés. N'avait-on pas
surnommé *roi des lyriques* ce pauvre Jean-Baptiste
Rousseau qui a fait une seule ode lyrique, le *cantique*

d'*Ezéchias*, et çà et là quelques stances noyées dans d'interminables paraphrases ! La poésie française est née avec Lamartine et Victor Hugo, accent et expression : Malherbe a eu quelquefois l'un et presque jamais l'autre. Mais en revanche quelle langue admirable. Dissimulez la rime, détruisez quelques inversions, vous aurez la prose la plus digne, la plus majestueuse, telle qu'on ne l'a pas surpassée dans l'âge suivant. « O sagesse éternelle, à qui cet univers doit le nombre infini des divers miracles qu'on voit également sur l'onde et sur la terre ! Mon Dieu, mon Créateur, que ta magnificence étonne tout le monde ! Et que le ciel est bas au prix de ta hauteur ! Toutes les fois que j'arrête mes yeux à voir les ornements dont tu pares le ciel, tu me sembles si grand, et nous si peu de chose, que mon entendement ne peut imaginer quel amour te dispose à nous favoriser seulement d'un regard ! » (*Paraphrase du psaume VIII.* 1604.)

O Sagesse éternelle, à qui cet univers
Doit le nombre infini des miracles divers
Qu'on voit également sur la terre et sur l'onde !
  Mon Dieu, mon Créateur,
Que ta magnificence étonne tout le monde,
Et que le ciel est bas au prix de ta hauteur ?

De moi, toutes les fois que j'arrête les yeux
A voir les ornements dont tu pares les cieux !
Tu me sembles si grand, et nous si peu de chose,
  Que mon entendement
Ne peut s'imaginer quelle amour te dispose
A nous favoriser d'un regard seulement.

Et si l'on considère qu'au moment où apparurent les premières stances de Malherbe (1586), Montaigne venait à peine d'achever ses *Essais* (1580), pourrait-on refuser à Malherbe la gloire d'avoir donné à la langue française cette noblesse et cette virilité qu'ont illustrées tant de beaux génies? Il n'est donc ni juste ni vrai d'attribuer à Descartes un honneur qui appartient à autre. Il a d'ailleurs assez de titres à l'admiration reconnaissante de la postérité pour qu'on n'ajoute point à l'éclat de sa gloire des rayons empruntés. Non, la prose de Descartes n'a eu ni cette vertu ni cette magie; mais il serait peut-être injuste de lui refuser toute influence sur ses contemporains. *Encore qu'un peu trainante*, elle est mâle et sévère. Rien n'y est sacrifié à l'imagination; tout est là pour satisfaire l raison et pour donner à la pensée le plus de jour et de clarté. Dans ce langage précis et lucide, on sent avec quelle candeur le philosophe cherchait la vérité. Le style est à la hauteur de l'œuvre.

Il est facile d'imaginer quelle impression il dut faire sur l'esprit des penseurs. On n'étudie point impunément un livre avec passion, surtout lorsque les hommes qui l'étudient sont l'élite de la nation. On peut donc conjecturer que le désir de s'approprier à la fois la sévérité et la précision de la prose cartésienne a dû contribuer à faire la langue française ce qu'elle a été chez les grands écrivains des deux siècles suivants, c'est à dire sobre, nerveuse et précise. Elle subit aujourd'hui une nouvelle phase. La poésie, non contente de son domaine, a fait invasion dans la prose. Celle-ci a perdu sa sobriété un peu sèche pour se revêtir d'un coloris plein de vie et d'éclat. Est-ce un progrès, est-ce la décadence ? *Grammatici certant...* Cependant l'intempérance de l'imagination est telle qu'elle ne sait jamais se contenir dans de justes bornes. Aussi est-il à craindre que la langue française, s'égarant dans les sentiers gazonnés et doux-fleurants de l'imagination, n'oublie la grande route de la raison, la route royale des Descartes et des Condillac.

LA CRITIQUE DE BAYLE EST-ELLE IMPARTIALE ET EN CELA SUPÉRIEURE A CELLE DU DIX-HUITIÈME SIÈCLE?

Au dix-septième siècle, les hommes étaient partagés en deux camps distincts et ennemis. La Réforme, qui avait commencé au nom de la Raison émancipée, avait fini par tomber dans un despotisme aussi dur que le despotisme catholique. Calvin brûlait Michel Servet à Genève; et les ministres, ses successeurs, persécutaient les sectes qui s'étaient formées au sein du protestantisme. Partout régnait l'intolérance. C'est alors qu'apparut Bayle.

Bayle, fils d'un ministre calviniste, avait été frappé du manque de discipline des sectes protestantes. Converti au catholicisme, il se trouva en présence des mystères, surtout celui de la transsubstantiation, Bayle ne put accepter le mot ni la chose; il retourna au protestantisme. Cette abjuration lui valut de longues persécutions : de là son amour de la tolérance.

Dans son premier ouvrage, les *Pensées diverses sur la Comète*, il discuta si « l'athéisme est pire que l'idolâtrie, et s'il est une source nécessaire de toutes sortes de crimes. » Traiter une telle question, c'était se mettre au-dessus des préjugés religieux ; c'était donner le premier signal d'une critique impartiale. Un certain degré d'impartialité, voilà, en effet, la supériorité de Bayle sur son siècle.

Quand les missionnaires bottés de Louis-le-Grand vont, dans les Cévennes, prêcher le catholicisme à coups de sabre, Bayle flétrit ces atroces violences dans ses *Lettres sur l'état de la France catholique*. Mais il n'oublie point, non plus, de rappeler les protestants à la tolérance religieuse. S'élevant au-dessus des deux partis acharnés l'un contre l'autre, il écrit son *Commentaire philosophique* sur ces paroles de l'évangile de saint Luc : Contrains-les d'entrer; livre qui lui attira la haine du ministre Jurieu. Aux attaques de Jurieu, Bayle répondit par son *Avis aux réfugiés*, où il reprocha aux protestants leur acrimonie, leurs libelles faux et déclamatoires, leur esprit de révolte contre les souverains, leurs maximes dangereuses pour le repos des États. Ainsi, Bayle, au nom d'un principe philosophique, la tolérance, critique également catholiques et protestants. Et cette impartialité, dégagée de toute pensée religieuse, se trouve chez lui seul.

La critique de Bayle est donc supérieure à son siècle; mais l'est-elle au siècle suivant? Il semble que non.

Et d'abord rappelons-nous que l'impartialité consiste à faire la part du vrai et du faux, en ayant pour mesure un principe donné par la raison. Elle a donc pour fondement la certitude d'une vérité supérieure.

Si l'on n'admet aucune vérité, si l'on repousse toute certitude, on n'est plus impartial, mais sceptique ou indifférent. Or l'indifférence et le scepticisme ne vaudront jamais une vérité solidement établie. Bayle est impartial quand il condamne également les violences des catholiques et des protestants. Le meurtre de Servet est, à ses yeux, aussi abominable que l'Inquisition et la Saint-Barthélemy. Sur ce point là Bayle est d'une fermeté qui ne faiblit jamais. Sur toutes les autres questions, soit religieuses, soit philosophiques, Bayle est indifférent ou sceptique. Sans doute cette indifférence est volontaire parce qu'il veut la faire servir au triomphe de la tolérance; mais sur une question donnée, on ne peut dire que la critique de Bayle soit impartiale et sincère.

Dans ses *Pensées sur la Comète*, Bayle dit : « Que l'athéisme ne peut être que le résultat d'une erreur passagère ou d'un hideux abrutissement, » et il soutient l'athéisme. Est-ce là de l'impartialité?

Bayle déclare que « le manichéisme, considéré en lui-même, est absurde, insoutenable, et contraire aux idées de l'ordre. » Et il se sert du manichéisme pour battre en brèche les théories exclusives sur l'origine du bien et du mal. Est-ce là de l'impartialité?

Il suffit qu'on avance une opinion pour qu'à l'instant Bayle adopte une opinion opposée. Certes, ce n'est pas là la marque distinctive de l'impartialité. Il le dit lui-même : « Maintes fois, comme il m'advient volontiers, ayant pris pour carrière et ébat à maintenir une contraire opinion à la mienne, mon esprit s'appliquant et tournant de ce côté-là, m'y attache si bien, que je ne retrouve plus la raison de mon premier avis, et m'en départs. » Après un tel aveu, il serait presque inutile d'invoquer le témoignage d'un contemporain, le grand Leibnitz. « Le vrai moyen de faire écrire utilement M. Bayle, ce serait de l'attaquer (en apparence) lorsqu'il dit de bonnes choses et vraies, car ce serait le moyen de le piquer pour continuer; au lieu qu'il ne faudrait point l'attaquer quand il en dit de mauvaises, car cela l'engage à en dire d'autres aussi mauvaises pour soutenir les premières, *ne perpluant*. »

Ainsi, hormis un seul point et à cause de ce point, la critique religieuse de Bayle n'est pas impartiale ni sincère. Bayle veut établir la tolérance; or, c'est de la métaphysique que naît l'intolérance, Bayle fera donc une guerre acharnée à la métaphysique, employant toutes les armes; bonnes ou mauvaises, peu importe! pourvu qu'elles ruinent les affirmations de l'adversaire, et que celui-ci passe du doute à l'indifférence, de l'indifférence à la tolérance. La philosophie n'est pour lui qu'un amusement et qu'une arme; il la déclare incapable d'aider ou de supplanter la religion. Le règne de la raison est, à ses yeux, une utopie ridicule et qui deviendrait désastreuse si elle se réalisait. Voilà quelle est la doctrine suprême de Bayle.

Si jamais la tolérance eut un apôtre enthousiaste, ce fut le défenseur de Calas et de La Barre. Sur son lit de mort, Voltaire traçait ces dernières lignes pour féliciter Lally-Tolendal de la réhabilitation de son père : « Le mourant ressuscite en apprenant cette grande nouvelle; il embrasse tendrement M. de Lally; il voit que le roi est défenseur de la justice. Il mourra content. »

Sur les questions religieuses, la critique de Voltaire est toujours sincère. Et en cela elle est supérieure à celle de Bayle. Voltaire et tous les libres penseurs du dix-huitième siècle croyaient à quelque chose, à la Raison. C'était là leur religion, et jamais foi ne fut plus vive et plus sincère que la leur. Le scepticisme mobile et emprunté de Bayle est pâle auprès de cet enthousiasme si vrai et si constant. Mais ont-ils dépassé les bornes de l'impartialité? Deux grandes objections ont été faites contre eux. On leur a reproché d'avoir méconnu, d'abord la vérité du christianisme, puis les services que cette religion a rendus à l'éducation des hommes.

A la première objection on peut faire cette réponse. Que l'exégèse allemande soit dans le vrai, cela n'est guère contestable. Mais Voltaire et les philosophes du dix-huitième siècle n'ont jamais voulu faire de la métaphysique spéculative. Ils ont envisagé la religion, surtout au point de vue commun, et l'ont jugée, non point telle qu'elle est véritablement, mais telle qu'elle s'annonce elle-même aux hommes. Ils attaquent, non pas le christianisme des métaphysiciens, mais le christianisme des prêtres : ce qui est bien différent. On ne peut donc pas accuser le dix-huitième siècle de partialité à l'égard d'une doctrine qui n'était point alors connue, et à laquelle ils n'ont jamais songé. En outre, cette interprétation qui réduit le christianisme à une symbolique, les prêtres l'ont toujours repoussée comme une impiété, une négation du christianisme. Voltaire, quoiqu'il soit leur mortel ennemi, leur paraît du moins avoir entendu le christianisme comme ils l'entendent eux-mêmes. Si l'on veut soi-même être impartial à l'égard des philosophes du dix-huitième siècle, il ne faut pas leur reprocher d'avoir méconnu une symbolique qu'ils ne pouvaient pas soupçonner, mais les juger d'après la manière dont les combattants posaient le problème. Or le problème n'était point posé ainsi : « La religion n'est que la raison se manifestant par mythes et par symboles. » Voici quel il était : « La religion et la raison sont inconciliables. — Périsse la raison, disent les prêtres. — Plus de religion ! s'écrient les philosophes. » La critique du dix-huitième siècle est donc pleinement justifiée.

La deuxième objection a, de prime abord, un air très-spécieux : « En acceptant le christianisme tel que les prêtres l'enseignent, il faut avouer, dit-on, que c'est lui seul qui a élevé les hommes, et qui, en définitive, a été l'artisan le plus actif de la civilisation moderne. » Voici ce que l'on peut répondre. Oui, si le christianisme a été l'artisan de la civilisation moderne, le dix-huitième siècle est coupable d'avoir méconnu ce service. Mais est-ce un fait bien prouvé que c'est au christianisme que nous devons ce bienfait ? L'histoire seule peut décider.

Les termes du problème sont très-simples : si le christianisme a eu cette vertu, évidemment la civilisation a dû grandir en raison directe de l'influence qu'il a exercé sur les âmes. Réciproquement le déclin de la foi doit être suivi du déclin de la civilisation. Parallèlement, si la raison n'est pas la grande et unique source de moralité, l'affaiblissement ou les progrès de la science rationnelle doivent être accompagnés des progrès ou de l'affaiblissement des lumières. Or le temps où le christianisme posséda entièrement les consciences et les cœurs est le moyen âge, c'est-à-dire la période la plus affreuse de l'humanité. A qui doit-on d'être sorti de ces horribles ténèbres ? A la Renaissance, c'est-à-dire à l'époque où la philosophie antique, la raison pure, commence à pénétrer le monde chrétien. Les esprits secouent de plus en plus le joug du catholicisme; et la civilisation marche en avant, la civilisation qui amènera sa ruine. Le catholicisme le comprend si bien, qu'il persécute sans relâche les hardis penseurs, les livre au bûcher, ou les jette en exil et dans les cachots. Chose étrange, que ne parviendront jamais à expliquer les sectateurs aveugles du christianisme! La Révolution de 89, qui a changé la face du monde, est la fille de Voltaire et du dix-huitième siècle. Elle s'est faite malgré et contre le catholicisme : la raison a été son seul guide. Depuis 89, le monde, s'appuyant sur la raison, a fait plus de progrès en soixante ans qu'il n'en avait fait en dix-huit siècles, alors qu'il était nourri, élevé, conduit à la lisière par le catholicisme. Si Tartufe aujourd'hui ne peut plus allumer ses bûchers, c'est que la Révolution a arraché des mains de Tartufe son dernier fagot. Une preuve accablante et qui éclate partout, c'est que plus un peuple se dégage des étreintes du catholicisme pour obéir à la seule raison, plus ce peuple marche à pas rapides dans la voie du progrès. Au contraire les peuples les moins policés sont ceux qui sont le plus enfoncés dans l'ornière des mystères et des superstitions. Après de tels faits fournis par l'histoire et par le spectacle du monde actuel, on ne voit guère en quoi fut insensée la haine des philosophes du dix-huitième siècle pour une religion dont le dernier mot est encore aujourd'hui ce qu'il était au temps de Pascal, ce qu'il a toujours été : « Prenez de l'eau bénite et abêtissez-vous ! » Voltaire n'a point voulu s'abêtir, et il n'aimait pas l'eau bénite. On n'a pas le droit d'en conclure que sa critique ait été partiale.

En résumé, la critique du dix-huitième siècle est au moins égale en impartialité à celle de Bayle sur la question de la tolérance. Et sur les questions religieuses, si elle n'est pas entièrement impartiale quant à certains faits secondaires, elle l'emporte en sincérité sur celle de Bayle qui n'est ni sincère ni impartiale. Enfin elle est supérieure à celle de Bayle parce qu'elle croit à la certitude de la raison, tandis que Bayle, au fond, n'accepte de la raison que la tolérance et veut s'en tenir pour le reste à la Révélation et aux mystères. C'est laisser la porte ouverte au fanatisme et à la persécution.

SUR LE ROLE UTILE DE L'IMAGINATION DANS LA VIE.

Le génie des naturalistes a reconnu que les matériaux qu'emploie la nature sont les mêmes pour tous les animaux et disposés sur le même plan, sinon pour tous, du moins pour les grandes familles. Si l'on considère l'homme en particulier, on distingue bientôt en lui pour ainsi dire deux vies, la vie *organique* qui rattache l'homme au végétal, et la vie *animale*, seconde enveloppe recouvrant la partie intérieure et destinée aux relations avec le monde. Dans le savant édifice des organes la nature a déposé le germe des sentiments et des idées, qui à leur tour excitent l'homme à mettre en mouvement l'appareil extérieur. Ainsi formé, l'homme sent en lui un instinct qui le pousse à vivre en société, et un désir qui l'entraîne à la poursuite du bonheur. Mais pourrait-il supporter la vie si les choses lui apparaissaient telles qu'elles sont? Il n'oserait point étancher sa soif ni rassasier sa faim si l'œil lui montrait, comme le fait le microscope, un monde hideux d'insectes pullulant dans ses aliments et dans la goutte d'eau qui lui semble si pure. Il n'oserait presser la main de son semblable, quelque blanche et délicate qu'elle fût. « Car, dit Voltaire, la peau la plus fine n'est qu'un réseau hérissé dont les ouvertures sont incomparablement plus larges que le tissu, et qui renferment un nombre infini de petits crins. Des liqueurs passent sans cesse sous ce réseau, et il en sort des exhalaisons continuelles qui couvrent toute cette surface. Des animaux mille fois plus petits qu'un ciron se logent dans les cavités, s'y nourrissent, s'y promènent comme dans un vaste pays. Et ceux qui habitent le bras droit ignorent qu'il y ait des gens de leur espèce sur le bras gauche. Si vous aviez le malheur de voir ce qu'ils voient, cette peau charmante que vous idolâtrez vous ferait horreur. » (*Dict. philosophique, Apparence.*) Il faut donc pour que l'homme se résigne à la vie et l'aime, il faut que la portée des sens soit proportionnée à ce qui l'entoure, et que les sens perçoivent les objets comme il convient au rôle que l'homme doit jouer dans l'univers. C'est ce qu'a fait la nature en soumettant les sens à des lois constantes qui laissent voir les choses telles qu'on doit les sentir.

Cependant ces lois ne suffiraient pas pour donner à la vie son charme irrésistible et pour amener l'homme à se complaire dans la société de ses semblables s'il ne lui était permis de voir en eux qu'un système d'organes disposés avec un art admirable, il est vrai, mais dont l'aspect blesserait les regards. Il ne pourrait pas obéir à cette sympathie qui l'entraîne vers autrui, ni apaiser sa soif de bonheur si le mécanisme du corps étalait aux yeux ses utiles mais grossières fonctions. Il fallait donc pour que l'œuvre de la nature fût complète et que l'homme accomplît la fin où l'appellent ses instincts, il fallait que le bois vil dont est faite la statue se dissimulât sous l'éclat d'une peinture ; en un mot, qu'une décoration voilât la simplicité nue des appareils, et qu'une faculté dans l'homme vînt aider à cette décoration, ou même la suppléât quand elle fait défaut. Cette faculté, l'homme la possède, c'est l'imagination, la faculté de l'idéal. Avec elle la société est possible, l'homme ne désespère plus du bonheur. La nature peut se reposer : son ouvrage ne périra point.

« Aux mines de sel de Saltzbourg, dit Stendhal, on jette dans les profondeurs abandonnées un rameau d'arbre effeuillé par l'hiver. Deux ou trois mois après, on le retire couvert de cristallisations brillantes; les plus petites branches, celles qui ne sont pas plus grosses que la patte d'une mésange, sont garnies d'une infinité de diamants mobiles et éblouissants; on ne peut plus reconnaître le rameau primitif. » (*L'Amour.*) Telle est l'image du travail de l'imagination. Elle pare de ses cristaux les plus brillants l'objet aimé ; elle ne le voit plus alors tel qu'il est, c'est-à-dire, vulgaire et plein de défauts, mais orné des plus aimables perfections. Molière en offre un frappant exemple dans le *Bourgeois gentilhomme*. Cléonte, amant de Lucile, croit avoir à se plaindre d'elle.

« Donne la main à mon dépit, dit-il à son valet. Dis-m'en, je t'en conjure, tout le mal que tu pourras.

Fais-moi de sa personne une peinture qui me la rende méprisable, et marque-moi bien, pour m'en dégoûter, tous les défauts que tu peux voir en elle.

Covielle. — Elle, Monsieur? voilà une belle mijaurée, un pimpesouée bien bâtie pour vous donner tant d'amour! Je ne lui vois rien que de très-médiocre, et vous trouverez cent personnes qui seront plus dignes de vous. Premièrement, elle a les yeux petits.

Cléonte. — Cela est vrai, elle a les yeux petits; mais elle les a pleins de feu, les plus brillants, les plus perçants du monde, les plus touchants qu'on puisse voir.

Covielle. — Elle a la bouche grande.

Cléonte. — Oui; mais on y voit des grâces qu'on ne voit point aux autres bouches, et cette bouche, en la voyant, inspire des désirs, est la plus attrayante, la plus amoureuse du monde.

Covielle. — Pour sa taille, elle n'est pas grande.

Cléonte. — Non; mais elle est aisée et bien prise.

Covielle. — Elle affecte une nonchalance dans son parler et dans ses actions.

Cléonte. — Il est vrai; mais elle a grâce à tout cela; et ses manières sont engageantes, ont je ne sais quel charme à s'insinuer dans les cœurs.

Covielle. — Pour de l'esprit....

Cléonte. — Ah! elle en a, Covielle, du plus fin, du plus délicat.

Covielle. — Sa conversation....

Cléonte. — Sa conversation est charmante.

Covielle. — Elle est toujours sérieuse.

CLÉONTE. — Veux-tu de ces enjouements épanouis, de ces joies toujours ouvertes? et vois-tu rien de plus impertinent que des femmes qui rient à tout propos?

COVIELLE. — Mais enfin, elle est capricieuse autant que personne du monde.

CLÉONTE. — Oui, elle est capricieuse, j'en demeure d'accord; mais tout sied bien aux belles; on souffre tout des belles. »

Voilà l'œuvre de l'imagination. C'est par elle et par la sympathie que les hommes s'attachent à leur patrie. Sans cet amour, poussés par l'invincible désir du bien-être, ils se précipiteraient dans les zones tempérées, en laissant le reste du globe désert. « On peut se figurer, dit Châteaubriand, quelles calamités résulteraient de cette réunion du genre humain sur un seul point de la terre. Afin d'éviter ces malheurs, la Providence a, pour ainsi dire, attaché les pieds de chaque homme à son sol natal par un aimant invincible : les glaces de l'Islande et les sables embrasés de l'Afrique ne manquent point d'habitants. Il est même digne de remarque que plus le sol d'un pays est ingrat, plus le climat en est rude, plus il a de charmes pour nous. » L'amour de la patrie n'est point un instict particulier, mais une application particulière et naturelle de la sympathie animée par l'imagination. Où l'étranger ne voit qu'une lande déserte et d'épineux buissons, le laboureur, par la puissance imaginative, voit le témoin de ses jeunes années, de ses joies et de ses douleurs. Chaque motte de terre, chaque rameau dépouillé lui apparaît embelli par un cortége de doux souvenirs. Le sol qu'il a fécondé de ses sueurs devient comme une partie intégrante de son être, et c'est encore lui qu'il aime dans les sillons péniblement creusés. Que lui font les brillantes merveilles d'un pays plus riche et plus varié ! Ils ne disent rien à son cœur; ce n'est pas là qu'il a dépensé sa vie. Une fois sa curiosité satisfaite, il soupire en songeant aux lieux où s'est écoulé sa jeunesse. *Et casulam et notos tristis desiderat hœdos.* (JUVÉNAL.) L'imagination les lui retrace, non pas tels qu'ils sont, mais tels qu'il doit les sentir. « O imagination ! s'écrie Dante, quand ton char nous emporte, nous n'entendrions pas sonner autour de nous mille trompettes retentissantes. Quel pouvoir t'anime hors du secours des sens? Ton souffle, c'est une lumière divine ou intérieure, ou envoyée ici-bas par la volonté souveraine. » (*Purgatoire*.)

C'est elle encore qui rassemble les soldats « autour de ce haillon qu'on appelle drapeau. » Le drapeau n'est plus pour eux la misérable étoffe que voient les yeux du corps, c'est l'emblème de la gloire et de l'honneur. Ces lambeaux déchirés et noircis par la poudre leur racontent leurs dangers et leurs victoires ; et chaque projectile qui en enlève un nouveau fragment ajoute encore à la beauté que lui prête leur imagination, à l'enthousiasme que l'idéal éveille dans leur âme guerrière.

Dans l'ordre moral, les effets de l'imagination sont plus merveilleux encore et plus durables. Qu'un homme s'illustre par son génie ou ses vertus, l'imagination parera la laideur de son visage d'un charme indescriptible, celui de la vertu et du génie. C'est le Silène d'Alcibiade. La grossière statue renferme l'image d'une divinité pleine de majesté, admirable par l'élégance des formes et par une beauté surnaturelle. Et c'est celle-là que l'imagination nous représente et offre à notre sympathique admiration. Socrate a beau être laid, chauve et camus, il entraîne, il captive la foule; car son âme est céleste, et c'est elle seule qui rayonne aux yeux éblouis de ses auditeurs. Sans ce prestige, Socrate n'eût pu conserver un disciple ; les leçons de sa haute sagesse eussent été perdues.

Enfin c'est l'imagination qui, en peignant l'avenir sous les plus vives couleurs, donne au jeune homme, à son début dans la carrière, plus de courage et d'énergie. Mirage trompeur, mais bienfaisant, qui ramène sur son front la sérénité troublée par les premiers orages de la vie ! Et lorsque les illusions sont tombées une à une sous le vent du malheur et de l'expérience, lorsque les yeux dessillés contemplent le monde moral sous son véritable aspect, et qu'il est temps de les fermer pour l'éternel sommeil, l'homme peut encore bénir l'imagination; car, grâce à elle, il a pu sans défaillance parcourir la route entière. Ses illusions et celles des sens l'ont plutôt servi que trompé. Voué par les facultés du corps et de l'âme à vivre en société, à aimer ses semblables et à pratiquer la justice, l'homme a une fin à remplir. Pour que sa destinée s'accomplît, il était nécessaire qu'il vît, touchât, sentît les choses de la manière seule dont il devait les sentir. Supprimez les lois qui régissent les sens, supprimez l'imagination, la vue nette et vraie des objets sera pour l'homme son plus cruel supplice; elle deviendra pour lui un odieux fardeau dont il aura hâte de se débarrasser; et la nature, en le perdant, perdra en lui sa réalisation la plus élevée et son symbole le plus parfait.

SUR RACINE ET LE CHOIX DES SUJETS DE SES TRAGÉDIES GRECQUES.

De tous les tragiques français Racine n'est-il pas celui qui a fait voir le sentiment le plus vrai des convenances de la tragédie moderne dans le choix des sujets de ses pièces grecques?

Il est dans les langues certains mots qu'à première vue tout le monde croit comprendre, mais qu'à l'application personne ne peut préciser. Tels sont, par exemple, les mots *honneur*, *fidélité*. Où commence l'honneur et où finit-il? Sur ces deux points chacun a son opinion, le sénateur comme le simple particulier. Il en est de même du mot *convenances*.

La tragédie a ses règles bien connues; la marche qu'elle suit est invariablement la même : exposition dans les premières scènes, péripétie, dénouement avec récit obligatoire. Mais tout cela concerne le développement tragique et non le choix du sujet. D'ailleurs ce sont des règles et non des convenances. Quelles peuvent être donc les convenances de la tragédie? Aristote, au chapitre XII de sa *Poétique*, établit qu'un héros de tragédie ne doit être ni tout vertueux ni tout vicieux, le malheur du méchant n'ayant rien de terrible, et celui de la vertu étant trop douloureux; et il ajoute: « Il reste le milieu à prendre: c'est que le personnage ne soit ni trop vertueux ni trop juste; et qu'il tombe dans le malheur, non par un crime atroce ou une méchanceté, mais par quelque faute ou erreur qui le précipite du faîte des grandeurs et de la prospérité, comme Œdipe, Thyeste, et les autres personnages célèbres de familles semblables. »

Soit; mais il est très-permis de modifier les événements et de corriger les mœurs des héros. Car, comme le remarque fort bien un ancien commentateur de Sophocle: « Il ne faut point s'amuser à chicaner les poètes pour quelques changements qu'ils ont pu faire dans la fable; mais il faut s'attacher à considérer l'excellent usage qu'ils ont fait de ces changements, et la manière ingénieuse dont ils ont su accommoder la fable à leur sujet. » (*Deuxième préface d'Andromaque.*) Si les auteurs ne le font pas, c'est leur faute et non celle du sujet. Voici ce que dit Racine dans la préface d'Iphigénie: « C'est à Pausanias que je dois l'heureux personnage d'Ériphile, sans lequel je n'aurais jamais osé entreprendre cette tragédie. Quelle apparence que j'eusse souillé la scène par le meurtre horrible d'une personne aussi vertueuse et aussi aimable qu'il fallait représenter Iphigénie? Et quelle apparence encore de dénouer ma tragédie par le secours d'une déesse et d'une machine, et par une métamorphose qui pouvait bien trouver quelque créance du temps d'Euripide, mais qui serait trop absurde et trop incroyable parmi nous? » De ce passage il ressort clairement que Racine avait à cœur les convenances du public; mais il n'y a point trace des convenances de la tragédie. Deux routes s'ouvrent au poète. Ou il s'abandonne à la libre inspiration de son génie, change la scène au gré de ses conceptions, fait apparaître et disparaître les personnages sans se préoccuper des conditions matérielles de la représentation, s'inquiétant d'une seule chose, frapper fort et frapper juste : tel est Shakspeare. Ou bien, avide de plaire à l'auditoire, le poète modifie la fable donnée par l'histoire, essaye, par une sorte d'intuition, de prévoir ce qu'il peut oser ou les limites qu'il ne doit point franchir; s'imposant ainsi de volontaires entraves afin de remporter une victoire certaine : tel est Racine. L'un obéit à son seul génie; l'autre sait assouplir le sien et compose comme sous les yeux des spectateurs. C'est bien là le souci des convenances du public, mais non celles de la tragédie.

Racine, dit-on, a le mieux choisi le sujet de ses pièces grecques. Tout d'abord on peut faire observer que les tragédies d'*Iphigénie*, de *Phèdre* et d'*Andromaque* n'ont de grec que le nom. Tous les personnages, sans exception, parlent et agissent en grands seigneurs de la cour de Louis XIV. Il ne suffit pas pour faire une pièce grecque de prendre, comme sujet, un fait de l'histoire grecque, que la plupart du temps le poète dénature. Peu importe l'événement ! Pour qu'une pièce soit véritablement grecque, il faut que les personnages aient les mœurs de leur patrie et de leur époque. Une telle merveille est impossible. On peut par un prodige d'imagination et de sympathie comprendre les mœurs antiques, mais les faire revivre, rendre aux anciens héros leur âme et leur manière de sentir, voilà ce que n'atteindra jamais le génie d'un poëte. On ne s'affranchit pas de la loi du temps : tel est l'axiôme inflexible de l'art. Racine est du dix-septième siècle; il vit à la cour de Louis XIV : ses créations seront marquées de ce double sceau. Aussi les pièces grecques de Racine n'ont-elles de grec qu'un événement qui sert de thème à une tragédie à la fois française et de haute compagnie.

Mais cet événement lui-même, Racine a-t-il su mieux le choisir que ses devanciers ou ses successeurs? Sans crainte de contradiction, on peut affirmer que le sujet de *Médée*, celui d'*Œdipe*, de *Mérope* et d'*Atrée* valent bien celui d'*Iphigénie*. Y a-t-il rien de plus dramatique que l'histoire de Médée? La jalousie de l'épouse outragée, la lutte entre l'amour maternel et la soif de la vengeance, quelle magnifique matière pour un poëte de génie ! Imaginez-vous Shakspeare s'en emparant, la pétrissant de ses mains puissantes, lui soufflant la passion et la vie, quel chef-d'œuvre la postérité aurait eu à admirer ! Et qu'on ne dise pas que le cadre de la tragédie est trop étroit pour contenir une aussi grande conception ! D'abord l'exemple d'Euripide est là, dont *Médée* est un des meilleurs ouvrages. Et puis, qui aurait empêché Racine de ramener le sujet aux proportions de la scène française, de corriger ou d'accommoder aux mœurs modernes ce que l'antiquité a d'âpreté excessive ou de mythologie surannée, enfin d'appliquer à *Médée* les secrets de cet art délicat qu'il a si bien pratiqué dans *Phèdre* et dans *Iphigénie?* Non, si Corneille et Longepierre ont échoué dans *Médée*, ce n'est pas la faute du sujet, mais celle de Longepierre et de Corneille. Ce n'est pas le sentiment vrai des sujets propres à la tragédie française qui leur a fait défaut, c'est la souplesse et l'art savant de Racine. Racine n'a pas mieux su choisir ses sujets; mais, son sujet une fois choisi, il a su mieux que tout autre donner à ses personnages les sentiments modernes et disposer la fable d'après le goût et les idées de son siècle. Il n'y a pas de sujet ingrat pour le génie. « Sous ses heureuses mains le cuivre devient or. » Où la médiocrité échoue, là il trouve un éclatant triomphe. A son gré, du même sujet il fera une comédie ou une tragédie : cela dépendra de la nature de son esprit et du but qu'il poursuit. Avant que l'œuvre soit commencée, vous vous écrieriez volontiers : « C'est une folie, une tentative insensée : la défaite est assurée. » A peine a-t-il achevé, que de toutes parts s'élèvent des cris d'admiration. Il semble que cette conception était naturelle; qu'il était impossible que l'œuvre fût autrement. Supposons, par exemple, qu'on vienne vous proposer le sujet suivant. Un père de famille accueille chez lui un ami qu'il accable de bienfaits; il lui donne sa fille, il lui donne sa fortune. En reconnaissance de tant de tendresse, cet ami le brouillera avec son fils, essayera de séduire sa femme, et finira par l'expulser de sa propre maison. Avec cela faites rire le public; en un mot, faites une comédie. — Une comédie ! vous vous moquez : rien n'est plus contraire aux convenances de la comédie. — Eh bien ! la comédie n'est pas à faire, elle est faite. Ce n'est pas seulement un chef-d'œuvre, c'est peut-être le chef-d'œuvre de la scène comique, c'est *Tartufe*. Direz-vous que Molière n'avait pas le sentiment vrai des convenances de la comédie dans le choix de ses sujets? Le but et les moyens d'arriver au but semblaient inconciliables, et cependant Molière les a conciliés. Le génie est souverain. Avec un art profond et dont seul il a le secret, il sait transformer les choses et leur donner l'aspect qu'il lui convient. Oui, votre magie est merveilleuse, ô vous, grands poëtes, dont les chefs-d'œuvre sont le patrimoine de l'humanité ! Et si vos noms brillent d'un éclat immortel, c'est que sous vos doigts habiles l'argile a pris sa forme au gré de votre fantaisie; c'est que, nouveaux Prométhées dans la statue inanimée vous avez su faire passer l'étincelle divine, l'étincelle de la vie.

MALHEUR AUX DÉTAILS !

Quand Voltaire dit : « Malheur aux détails ! c'est la vermine qui tue les grands ouvrages », n'est-il pas en cela l'organe de l'esprit français ?

On appelle *esprit d'un peuple* la faculté ou les facultés dominantes qui, réunies en faisceau, forment cet être idéal qu'on nomme un type. Lorsque les naturalistes ont voulu classer les animaux, ils ont observé attentivement leur structure, leurs fonctions, les variétés, la différence des climats et des aliments ; puis, au milieu de cette diversité, ils ont remarqué certaines ressemblances, certaines analogies. Armés de l'abstraction, ils ont séparé ces ressemblances et ces analogies, les ont groupées et en ont formé un type. Ils ont fait plus encore, ils ont montré la subordination des caractères à un seul qui les définit.

La littérature est l'expression de la société, a-t-on dit avec raison. Chaque siècle se réfléchit dans ses œuvres ; elles sont le miroir où se sont peintes les mœurs d'une époque qui n'est plus. Le philosophe et le poète trouvent en elles une mine féconde, l'un pour comprendre la loi du progrès dans l'humanité, l'autre pour faire revivre aux yeux des contemporains charmés tout un monde évanoui. Mais, dans la suite des temps, les mœurs et les goûts changent; et ces changements laissent leur empreinte dans les littératures. Outre l'influence du siècle qui pénètre chaque ouvrage, l'écrivain y imprime le cachet de son propre génie. Malgré leur diversité, ces éléments obéissent à une loi supérieure. Comme un projectile lancé dans les directions les plus opposées décrit toujours une courbe uniforme, ainsi chez un peuple les œuvres, si diverses qu'elles soient, révèlent une même tendance. Cette tendance est la faculté maîtresse d'une race, et c'est elle que nous cherchons.

Lorsque Corneille alla chercher dans l'Espagne les sources de l'inspiration, il trouva chez les écrivains de cette nation de nombreux points de contact avec son génie : c'est la même vigueur, la même emphase héroïque. Mais le drame espagnol, en général, manque d'unité. On y voit souvent une double action se développant en lignes parallèles, sans qu'un lien solide les rattache à un dénouement unique. Les détails abondent qui sans doute servent à rendre plus vive la couleur du tableau; mais, inutiles à l'intrigue principale, ils la retardent dans sa marche vers la catastrophe. Aussi pourrait-on dire que ces drames sont plutôt la peinture fidèle des mœurs d'une époque que la mise en scène animée d'une action. Tel est par exemple le drame de Guillem de Castro (*la Jeunesse du Cid*), où Corneille a puisé le sujet du *Cid*. En composant cette tragédie, qui marque l'aurore du véritable théâtre français, Corneille a élagué tout ce qui ne se liait point à l'action unique qu'il avait choisie. On lui a même reproché de n'avoir point fait assez de suppressions, celle du personnage de l'infante Urraque, dont le rôle restait sans but, du moment que le poète concentrait tout l'intérêt sur Rodrigue et sur Chimène. Et en cela, le public obéissait au même instinct qui avait poussé Corneille à tailler une pièce une et simple dans l'œuvre complexe du poète espagnol. Cet instinct, c'est l'amour de la logique qui ne peut supporter les détails capables de détourner un instant les yeux du but principal. On aime à voir se dérouler les péripéties, et l'action marcher d'un pas égal et sans encombre vers le dénouement. Si les règles ont régné avec tant de puissance sur notre ancien théâtre, il ne faut pas en accuser seulement la tyrannie de quelques pédants « tout blancs d'Aristote, » car on ne pourrait s'expliquer la facilité avec laquelle les grands génies du siècle de Louis XIV se seraient courbés sous un joug absurde. Une routinière admiration pour le théâtre antique n'est point non plus pour cela suffisante. Il fallait que ces règles trouvassent dans la nature même de l'esprit français une intime et secrète sympathie qui les favorisât malgré leur extrême rigueur. En vain alléguerait-on l'ignorance presque absolue où l'on était à cette époque des théâtres étrangers. Quelle raison valable pourrait justifier l'assentiment donné à ces règles par Voltaire qui connaissait Shakspeare? Qu'on ne dise pas qu'en empruntant *Zaïre* à *Othello*, Voltaire fut obligé de subir les invincibles préjugés du public ; car Voltaire résigné n'aurait point traité Shakspeare de barbare. Si cette dure et injuste épithète lui est échappée, c'est que son esprit, si entièrement français, éprouvait une répugnance naturelle pour la marche à travers champs du grand dramaturge anglais. Une preuve dernière et sans réplique nous est fournie par le romantisme lui-même faisant son entrée triomphale sur la scène française. Lisez les drames du chef de cette révolution littéraire. Victor Hugo a rompu, il est vrai, les entraves qu'opposait l'unité de lieu pour toute la pièce ; mais il l'a conservée pour l'acte entier, parce qu'il sentait bien que les déplacements multipliés fatiguent l'attention du spectateur. Il a donné plus de vie au drame en y introduisant des détails plus nombreux ; il a même placé dans *Marie Tudor* une double action; mais ces détails et cette double action sont liés si étroitement et se soudent si bien ensemble qu'on ne pourrait les séparer sans détruire le drame lui-même. C'est que Victor Hugo, malgré l'affinité de son vigoureux génie avec le génie espagnol ou anglais, est, par son esprit logique, essentiellement français.

Si du drame nous passons au roman, nous y trouverons la même faculté. Autant l'esprit anglais aime les détails et s'y complaît, autant l'esprit français s'attache aux grandes lignes qui dessinent mieux l'ensemble. Certes on ne peut nier que les détails ne donnent à la vie une énergie singulière qui manque peut-être au roman français ; mais l'attention, tout d'abord vivement stimulée, finit par se lasser sous cette accumulation. L'émotion à force de s'éparpiller sur mille objets divers s'alanguit et disparaît. On se refuse à suivre l'auteur dans ses excursions multipliées, parce que le but dernier, caché par les détails, se dérobe à nos regards. Si Balzac, malgré des qualités incomparables, n'a conservé qu'auprès d'un petit nombre la faveur qu'il mérite si bien, c'est que les grands traits lui échappent ou se noient dans l'étude de l'infiniment petit. L'excès d'inquisition minutieuse lui a fait tort auprès de l'esprit logique de ses lecteurs. Au point de vue qui nous occupe, George Sand est peut-être le type du roman français par la méthode comme par le style. L'intrigue est simple, elle se développe avec clarté, empruntant aux détails tout juste ce qui est nécessaire pour donner la vie aux personnages, sans que jamais notre attention puisse s'égarer.

Quant aux sciences historiques, l'esprit français tend de plus en plus à les marquer de son empreinte. Aux vastes et indigestes compilations qui faisaient de l'histoire un chaos où la raison n'avait point son compte, ont succédé de méthodiques compositions où les faits, choisis avec soin, se rangent autour d'une idée qui les domine et les explique. Sacrifiant les détails à la logique du but proposé, l'historien suit une ligne directe et fait pénétrer profondément dans l'intelligence la conviction qui l'anime. Sans doute les anecdotes, les circonstances petites mais piquantes donnent au récit le relief et la couleur. Tout cela convient au chroniqueur ou à l'artiste qui veut peindre, mais non à l'historien qui cherche dans les détails une démonstration et non un tableau. Les travaux du dix-neuvième siècle, surtout ceux de M. Guizot, attestent avec force l'esprit logique de la race française.

Dans la critique, on pourrait dire que l'esprit français a longtemps cherché sa véritable voie sans la trouver. Tout entière aux détails, la critique nous donnait les membres dispersés du poète ou du siècle, *disjecti membra poetæ*, mais elle ne savait point nous montrer le poète ni le siècle. Aujourd'hui s'élançant dans sa véritable carrière, elle s'efforce de ramener les littératures et les écrivains à des lois générales et de les renfermer dans une formule qui les contienne.

Quoique ce soit sortir du cadre littéraire, cependant il n'est guère possible de passer sous silence, dans l'ordre politique, la manifestation la plus caractéristique peut-être de l'esprit français. Si jamais l'amour de la logique s'est fait jour avec un éclat sans égal, c'est dans la Révolution de 89. L'œil fixé sur les principes, les hommes de cette époque poursuivirent leur œuvre avec une inflexible rigueur. La déclaration des droits de l'homme, qui entraînait comme conséquence immédiate la ruine des colonies, aurait pu arrêter dans leur élan des intelligences tout autres que des intelligences françaises. Le principe de la liberté venait se heurter contre les intérêts matériels les plus puissants. Un Américain du Sud aurait dit : « Périsse le principe plutôt que mon argent ! »

Il aurait gardé ses esclaves et sacrifié la théorie. La Convention s'écria : « Périssent les colonies plutôt qu'un principe ! » c'est-à-dire, malheur aux détails ! malheur à tout ce qui s'oppose au développement d'une vérité générale ! On peut dire que cette célèbre Assemblée procéda en tout et partout par axiomes. Le système qu'elle suivit fut une sorte de géométrie politique, donnant ainsi au monde par son exemple une irréfragable preuve de l'esprit logique qui distingue notre nation.

Il est évident que si l'esprit français est avant tout logique, une telle faculté doit engendrer certaines qualités et certains défauts aussi sûrement que d'un théorème découlent d'inévitables corollaires. Nul peuple, en effet, aussi bien que le Français, ne sait disposer une composition littéraire avec autant de méthode, avec cette clarté qui permet de suivre sans effort l'enchaînement des idées et leur marche naturelle vers la conclusion. Mais aussi cette qualité, achetée aux dépens des détails, perd en mouvement, en vie réelle, ce qu'elle gagne en simplicité et en grandeur. Les personnages du théâtre anglais ou espagnol sont plus proches du monde réel que les héros de nos drames. Il en est de même dans les romans. Le génie anglais sait, par la multiplicité des détails, si bien donner la vie à ses créations qu'on dirait un calque de la nature : aussi est-il le plus pratique que l'on connaisse. Dans le roman français, au contraire, les personnages s'éloignent bien plus de la réalité ; ce n'est pas d'eux qu'on pourrait dire qu'on les connaît, qu'on les coudoie à chaque instant. La sphère plus élevée où ils se meuvent en fait plutôt des types dont les caractères généraux peuvent s'appliquer à un grand nombre sans jamais s'incarner entièrement dans un seul.

L'histoire, elle aussi, perd quelque chose de la vie en supprimant ces piquants détails qui ressuscitent pour ainsi dire un homme ou une époque. Dans la critique, si l'on voit mieux les puissants ressorts, en revanche l'extérieur divers et changeant, avec ses nuances délicates et ses tons variés, échappe à nos regards concentrés sur un point unique.

Dans l'ordre politique, cet esprit logique qui marche droit au but sans souci d'aucune sorte amène une espèce d'endurcissement moral. On verse le sang au nom d'un principe sans que le cœur cesse d'être accessible à la pitié; on commet le meurtre par déduction géométrique sans qu'on abdique les vertus douces et tranquilles du foyer domestique. Tel est le spectacle qu'a offert à nos yeux la Convention nationale. Cette rigueur dans les principes a été l'une des causes de sa chute. Mais aussi son esprit logique, qui se tenait au-dessus de la réalité, dans l'incorruptible idéal, a fait son immortelle grandeur. La Convention a procédé par axiômes, et dédaignant les détails, elle s'y est heurtée et a péri. Mais ces axiômes sont impérissables; ils sont encore et seront toujours le flambeau qui éclairera les générations à venir. C'est guidés par leur lumière que les citoyens généreux et les hardis penseurs travaillent à préparer l'avénement de la liberté et de la justice. Ne parlez pas à ces esprits logiques des mille obstacles qu'ils rencontreront sur leur route, car ils vous répondront avec Voltaire : « Malheur aux détails ! c'est la vermine qui tue les grands ouvrages. »

POURQUOI BOSSUET PRÊTE-T-IL PLUS A L'IMITATION QUE PASCAL?

Imiter un écrivain, c'est imiter non-seulement son style, mais encore ses idées. Il faut donc tout d'abord étudier et connaître quelles sont les idées dont il se nourrit et comment il les exprime. Le style est le vêtement de la pensée ; mais la même pensée n'est pas entrevue sous le même aspect ni comprise au même degré chez les écrivains. De là la diversité des styles. Chacun imprime à sa langue le cachet de son génie. Le poète la colore d'images et s'efforce de l'embellir par le nombre et l'harmonie. Le géomètre, peu soucieux de la beauté, recherche avant tout la précision et la simplicité. Il n'est pas jusqu'aux différences de lieux et de circonstances qui, sans altérer au fond la pensée, n'imposent à l'écrivain le devoir d'en modifier l'expression. Un discours, par exemple, qui doit être prononcé dans une chaire, ne peut pas avoir la même forme que les réflexions destinées aux philosophes. Il y a donc dans le style de l'écrivain une manière subordonnée à des causes diverses, et dont une étude attentive nous révèle le secret. En outre, les grands écrivains se distinguent de la foule parce qu'ils font passer dans leurs œuvres quelque chose d'eux-mêmes, en un mot, parce qu'ils sont originaux. L'originalité est comme une espèce de rempart contre les envahissements du vulgaire. Plus ce rempart est élevé, moins il est facile de le franchir. Or, c'est l'originalité que l'imitateur doit saisir ; avec elle augmente ou diminue la difficulté de son travail. Bossuet sera donc plus facile à imiter s'il est moins original que Pascal.

Parmi les chefs-d'œuvre de Bossuet, il n'en est pas auquel l'admiration se soit attachée aussi vivement qu'aux Oraisons funèbres. Bossuet n'y est pas aussi lyrique que dans les Sermons ; mais son éloquence s'y déploie dans toute sa pompe et sa majesté. Les idées que Bossuet développe dans les Oraisons funèbres sont la grandeur et la puissance de Dieu opposées à la misère et à la faiblesse de l'homme, les dangers du monde, les troubles et la vanité des choses terrestres, le néant de la gloire, la folie des incrédules. Il n'y a là rien d'original : ce sont les lieux-communs du christianisme, source ordinaire où ont puisé les Pères de l'Église et tous les prédicateurs. L'originalité appartient donc à la manière dont ces lieux-communs sont mis en œuvre. Elle se résout dans le style comme il arrive le plus souvent. Bossuet prononçait ses oraisons funèbres en présence du roi, de la cour, de tout ce qu'il y avait de plus illustre en France. Sans sacrifier entièrement la vérité, il lui fallait à la fois instruire et charmer, contenter l'oreille et l'esprit. De là l'emploi nécessaire de certaines figures, de certains tours de phrase destinés à tenir toujours en éveil l'attention des auditeurs; des antithèses obligées pour mettre en un relief frappant l'opposition des idées; de là cette habile répétition des textes sacrés qui, semblables à un motif musical, ramènent l'âme et l'esprit à la pensée dominante du discours, c'est-à-dire à la glorification de Dieu et au néant des grandeurs humaines. Il y a donc de l'art dans Bossuet; et comme l'art ne s'ignore pas, mais obéit à des lois que jusqu'à un certain point on peut déterminer, Bossuet peut être imité. Il est juste de dire que jamais docteur de l'Église ne s'appropria aussi bien les idées moyennes de l'Oraison et du Sermon, et ne les traduisit en si beau langage. La simplicité, unie souvent à une familiarité noble, règne dans ces admirables chefs-d'œuvre, et si quelque chose prête à l'imitation, c'est plutôt le tour de phrase que les expressions mêmes. Bossuet a eu des imitateurs, et cela devait être. L'esprit qui anime ses écrits, le style même, si original qu'il soit, sont de ceux qui composent le domaine du prêtre nourri de la lecture des livres saints et qui du haut de la chaire doit donner de pieux enseignements. Comment des intelligences formées à la même école et imbues des mêmes préceptes n'auraient-elles pas entre elles une certaine analogie? Contraints par leurs vœux religieux et l'obéissance monastique à creuser le même sillon, les prêtres ne peuvent guère que suivre la route tracée par les dogmes et la tradition. Et si l'influence des idées d'un siècle amène un Massillon à sonder le cœur humain plus en moraliste philosophe qu'en disciple de saint Augustin, la pluralité des orateurs chrétiens aiment mieux se tenir dans la sphère élevée mais plus commode du lieu-commun. Aussi qu'arrive-t-il ? c'est que les mêmes idées employées dans des circonstances et pour un but identique, reproduisent la couleur et le mouvement des modèles antérieurs. Tel est le *Sermon sur l'Epiphanie*, de Fénelon, qu'on attribua d'abord à Bossuet. Exemple frappant de cette direction commune des esprits qui se décèle par une commune expression ! Concluons donc que, dans une juste mesure, Bossuet peut être imité, parce que dans les caractères de son génie il y en a qu'on peut s'approprier ; ce sont ceux qui relèvent de l'art oratoire et de la théologie : car Bossuet est un orateur et un théologien.

Tel n'est point Pascal. Si lui aussi glorifie la religion chrétienne, il ne marche pas à ce but par le même chemin. C'est un philosophe qui scrute le cœur et la raison humaine pour en surprendre les plus intimes secrets. Mais ce mystérieux mélange de grandeur et de bassesse, de puissance et de débilité, le frappe d'étonnement et d'effroi ; et, dans son abattement, il laisse échapper cet aveu d'une profonde tristesse : « Tout ce que l'intelligence humaine peut faire est d'apercevoir quelque apparence du milieu des choses, dans un désespoir éternel d'en connaître le principe, ni la fin. » Paroles mémorables, marquant avec une vigoureuse précision l'immense intervalle qui sépare Pascal de Bossuet. Dans celui-ci l'antithèse est entre la faiblesse de l'homme et la grandeur de Dieu. Dans Pascal elle est entre la grandeur et la faiblesse de l'homme. Les misères de l'homme ne sont touchées par Bossuet que pour arriver à Dieu : c'est l'ombre destinée à rehausser les splendeurs de la Divinité. Pascal, au contraire, a pour sujet d'étude l'homme lui-même ; et si, désespéré de ne pouvoir étreindre la vérité, il se jette les yeux fermés et, pour ainsi dire, à corps perdu dans le sein de la Foi, c'est que la Foi apparaît à son âme bouleversée comme le seul refuge contre les angoisses du pyrrhonisme. Pour Pascal, la religion chrétienne n'est en vérité qu'un pis-aller, témoin cette page d'une grandeur effrayante où, dans l'amertume de sa pensée, il joue à croix ou pile l'existence de Dieu. Certes, c'est une étrange apologie du christianisme que l'ouvrage où l'on trouve les lignes suivantes : « Incompréhensible que Dieu soit, et incompréhensible qu'il ne soit pas ; que l'âme soit avec le corps, que nous n'ayons pas d'âme ; que le monde soit créé, qu'il ne le soit pas ; que le péché originel soit, ou qu'il ne soit pas. » N'est-ce pas là une véritable révélation ? Pascal demande à la raison la solution du problème du monde ; mais la raison ne donnant point une réponse satisfaisante à sa soif de connaître, il la maudit et s'abandonne à la révélation. Hélas ! loin de trouver dans les dogmes le calme et la plénitude qu'apporte l'évidence de la démonstration, il a beau s'écrier : « Je crois ! j'ai la foi ! » Il ne peut parvenir à étouffer les protestations secrètes de la raison.

Ce flux et ce reflux d'une âme déchirée se trahissent dans les *Pensées* en pages immortelles. C'est là, en effet, qu'est le secret du génie de Pascal. On peut lui appliquer ce qu'il a dit de l'homme : « Toutes ses misères prouvent sa grandeur; ce sont misères de grand seigneur, misères d'un roi dépossédé. » A ces tourments d'un esprit avide de certitude et de vérité, joignez l'amour de la précision et de la simplicité puisé dans la culture des sciences exactes, et vous comprendrez à peine quelles doivent être la puissance et l'originalité du style d'un si grand homme. Il n'y a rien dans notre langue qui puisse lui être comparé. Les mots célèbres de Bossuet n'ont pas un caractère universel de sublimité. Sa fameuse expression : « Tout était Dieu, excepté Dieu lui-même, » n'excite pas grand enthousiasme chez un disciple de Spinoza ou d'Hégel. Mais les mots de Pascal ont conservé toute leur puissance. C'est que les uns sont subordonnés à une théorie que le temps modifie ou renverse, tandis que les autres, s'appliquant à la nature humaine, sont éternels comme elle. A-t-on jamais opposé la grandeur des effets à la petitesse des causes avec une énergie plus saisissante que dans ces phrases : « Cromwell allait ravager toute la chrétienté, la famille royale était perdue, et la sienne à jamais puissante, sans un petit grain de sable qui se mit dans son urètre. Rome allait même trembler sous lui; mais ce petit gravier qui n'était rien ailleurs, mis en cet endroit, le voilà mort, sa famille abaissée, et le roi rétabli. » Et encore : « Si le nez de Cléopâtre eût été plus court, toute la face de la terre aurait changé. » Quel mépris pour l'homme, jouet des choses les plus misérables ! On sait comment Pascal parle de la définition du juste et de l'injuste : « Vérité en deçà des Pyrénées, erreur au-delà, » pensée qu'il expose plus tard dans ce dialogue : « Pourquoi me tuez-vous ? — Eh ! quoi ! ne demeurez-vous pas de l'autre côté de l'eau ? Mon ami, si vous demeuriez de ce côté, je serais un assassin, cela serait injuste de vous tuer de la sorte ; mais puisque vous demeurez de l'autre côté, je suis un brave, et cela est juste. »

Il faudrait citer, et la chiquenaude de Dieu au monde de Descartes, et le roseau pensant, et l'infini dans un ciron, page qu'un mathématicien seul pouvait écrire, il faudrait citer le livre entier. Mais à quoi bon ? Ces traits sublimes sont gravés dans toutes les mémoires. Nous en avons assez dit pour prouver l'impossibilité d'imiter un tel langage où rien n'est sacrifié au désir de plaire, rien à l'auditoire. Vauvenargue a fait, un jour, cette vaine tentative. L'imitation de Pascal, insérée dans ses œuvres, atteste l'impuissance d'atteindre à une pareille vigueur. Comment, en effet, surprendre les procédés d'un style qui n'en a point ? Car l'antithèse chez Pascal n'est pas un artifice oratoire, c'est l'expression de celle qui existe entre la grandeur et la petitesse de l'homme, c'est l'objet même des études de Pascal. Tout est simple et naturel ; et dans ces lignes burinées sur l'airain on ne sent point l'auteur, c'est un homme qu'on rencontre sans cesse. Il faudrait, pour retrouver quelque ombre de cette originalité, non-seulement former son esprit à la sévère école de la géométrie, mais aussi et surtout avoir l'âme déchirée par les mêmes tortures. Car ce qui fait du livre des *Pensées* un monument unique, c'est que Pascal était un géomètre et un philosophe chrétien au désespoir.

SAINT-SIMON EST-IL VRAIMENT UN GRAND HISTORIEN?

Qu'est-ce qu'un grand historien? Un grand historien est celui qui renferme en lui trois hommes, le critique, le philosophe et l'artiste.

§ I‍er. LE CRITIQUE. — L'historien, pour construire son édifice, puise ses matériaux dans les traditions, les monuments et les manuscrits. Il lui faut suivre les traditions d'âge en âge, en surprendre les altérations, et savoir démêler, au milieu des récits légendaires, la vérité que l'imagination populaire a ornée de ses merveilleuses créations. Il y a là un travail qui exige beaucoup d'études préliminaires et une connaissance approfondie de l'esprit humain.

Les monuments sont une source plus féconde pour l'historien. Mais que d'efforts et de studieuses investigations sont nécessaires au savant pour déchiffrer les inscriptions effacées par le temps, ou pour constater l'authenticité des monuments eux-mêmes! Quelle scrupuleuse attention ne faut-il pas apporter dans l'interprétation des signes qui, souvent, ne sont que des symboles!

La mine la plus riche, sans contredit, c'est le manuscrit. Là aussi la tâche de l'historien est immense. Sans parler de l'intégrité des textes, l'historien doit comparer entre elles les différentes versions des événements et les contrôler l'une par l'autre afin d'en faire jaillir la vérité. Il doit soigneusement s'enquérir des auteurs eux-mêmes; étaient-ils probes, intelligents, sincères? Ont-ils été témoins des faits qu'ils relatent? ou à quelles sources les ont-ils puisés? En un mot, il ne lui est pas permis de rester indifférent à tout ce qui concerne leur véracité et le degré de confiance qu'on peut leur accorder. Ainsi, par exemple, Hérodote est digne de foi lorsqu'il raconte les choses qu'il a vues; pour le reste, il faut, parmi les traditions qu'il accepte, dégager le vrai de son cortége inévitable de merveilleux. Et quelles précautions encore il faut prendre! Des faits, rangés au siècle dernier parmi les fables, ont été aujourd'hui établis et confirmés par la science ou le récit des voyageurs (le *trochilus* et le *crocodile*, fait confirmé par Geoffroy Saint-Hilaire). Ainsi encore, Tite-Live est un guide aussi peu sûr pour les commencements de Rome qu'il mérite créance pour les événements plus rapprochés de lui. Les préjugés nationaux et surtout l'orgueil romain lui ont fait jeter sur la misérable origine du peuple-roi un voile brillant qu'ont déchiré les Montesquieu, les Niebuhr et les critiques modernes. Les préjugés de caste, d'école et de parti sont autant de causes d'erreur. Quelle infatigable ardeur et quelle sagacité doit avoir l'historien, pour écarter les nuages qui obscurcissent la vérité! Les

Gracques, sous la plume des Patriciens, sont de criminels démagogues, voués à l'exécration de la postérité. La critique contemporaine a vengé les deux grands tribuns de l'injustice passionnée de leurs historiens; et dans ces victimes calomniées de la noblesse, nous voyons aujourd'hui les deux plus beaux caractères de la Rome antique. C'est ainsi que le critique, armé d'une vaste érudition et d'une sagacité rare, dégage la vérité des erreurs et amasse ses précieux matériaux.

§ 2e. LE PHILOSOPHE. — Les matériaux sont amassés, il faut construire l'édifice. L'œuvre du philosophe commence. Ce serait se tromper étrangement que de croire le monde et les événements jouets de l'aveugle hasard. Rien n'arrive sans cause déterminante; chaque groupe de faits obéit à une loi partielle; chaque loi partielle se rattache à une loi générale; et ce sont précisément les lois générales et les lois partielles que le philosophe doit découvrir et mettre en lumière. Lorsque les méditations ont révélé à son génie les ressorts cachés qui font mouvoir les hommes; lorsque la connaissance de l'homme et l'étude des faits lui ont dévoilé la marche de l'humanité, alors il dispose les faits avec ordre. Ainsi ordonnés, les faits ne sont plus des choses isolées, ce sont les anneaux d'une chaîne qui concourent tous au même but. Ou, pour mieux dire, l'ordre dans les faits, c'est la lumière portée au sein des ténèbres. Le passé n'est plus un chaos où l'œil ne distingue rien, c'est un tableau net et précis où *les siècles obscurs devant nous se dé-*

roulent, illuminés par la magie du talent. Nous comprenons alors ; et comprendre le passé, c'est presque prévoir l'avenir. « Chaque nation apparaît comme une grande expérience instituée par la nature. Chaque pays est un creuset où des substances distinctes, en proportions différentes, sont jetées dans des conditions spéciales. Ces substances sont les tempéraments et les caractères. Ces conditions sont les climats et la situation originelle des classes. Le mélange fermente d'après des lois fixes, insensiblement, pendant des siècles, et aboutit ici à des matières stables, là-bas à des composés qui font explosion. On aime à apercevoir le sourd travail qui fait bouillonner lentement et incessamment ces gigantesques masses. On se pénètre des incalculables forces qui broient, ou éparpillent, ou soudent ensemble la multitude des particules vivantes asservies à leur effort. On sent le progrès régulier qui, par une série comptée de transformations prévues, les amène à l'état définitif et marqué. On jouit par sympathie de la toute-puissance de la nature, et l'on sourit en voyant la chimiste éternelle, par une mince altération des proportions, des conditions ou des substances, imposer des révolutions, fabriquer des destinées, instituer la grandeur ou la décadence, et fixer d'avance à chaque peuple les œuvres qu'il doit faire et les misères qu'il doit porter. C'est un noble spectacle que celui du laboratoire infini, étendu dans le temps et dans l'espace, où tant de vases divers, les uns éteints et remplis de cendres stériles, les autres agissants et rougis de flammes fécondes, manifestent la diversité de la vie ondoyante et l'uniformité des lois immortelles. Confinés dans un coin de l'espace et de la durée, éphémères, abrégés demain peut-être par le contre-coup d'une explosion ou par le hasard d'un mélange, nous pouvons cependant découvrir plusieurs de ces lois et concevoir l'ensemble de cette vie. Cela vaut la peine de vivre; la fortune et la nature nous ont bien traités. » (TAINE.)

§ 3. L'ARTISTE. — Cuvier, après avoir trié les nombreux ossements trouvés au sein de la terre, sut les grouper en suivant une loi fixe et générale, celle de la corrélation des organes. A ces animaux, recomposés après des milliers de siècles, une seule chose manque, que le génie de Cuvier ne pouvait leur donner; cette chose, c'est la vie. De même, les faits, choisis par la critique, ordonnés par le philosophe, sont sans doute une admirable démonstration: mais réduite ainsi, l'histoire resterait un froid squelette, comme les fossiles de Cuvier, si l'art ne venait lui donner la vie et buriner en traits de feu, dans nos âmes ce que la philosophie a clairement expliqué à notre intelligence. « Quand j'écris les choses antiques, disait Tite-Live, mon âme devient antique. » La sympathie, en effet, exerce une influence si puissante sur l'âme de l'artiste, que par une sorte d'évocation merveilleuse celui-ci fait surgir à nos yeux les temps qui ne sont plus. L'artiste est un halluciné de génie qui recrée un personnage, une époque entière; qui partage ses passions et les fait revivre en notant les détails caractéristiques, les traits de mœurs révélateurs. Toutefois, comme l'historien est critique et philosophe, il sait contenir son émotion dans les justes bornes des faits choisis et de leur enchaînement. Il sait contenir la vivacité même de son émotion, et le frein qu'il s'impose donne à son style quelque chose de plus énergique et de plus pénétrant.

Telle est la trilogie qui forme le grand historien, c'est leur exact balancement et leur harmonie intime qui font de l'histoire un monument impérissable. Si ces trois dons admirables se trouvent rarement réunis dans le même homme, il suffit que l'un d'eux prédomine avec quelque puissance pour donner à l'œuvre une haute valeur. Mais ce qui constitue essentiellement l'historien, c'est, avant tout, la critique et la philosophie. Sans ces deux qualités, l'histoire n'est plus un enseignement, c'est un simple plaisir. Le récit des temps passés peut être une intéressante distraction; mais les temps passés n'ont plus de sens; on ne les comprend plus. Or, c'est de *comprendre* que par-dessus tout a soif l'esprit humain.

§ 4. SAINT-SIMON. — Est-ce par la critique et la philosophie qu'a brillé Saint-Simon? Ne soyons pas injustes envers ce grand seigneur. Il n'y a ni critique ni philosophie dans Saint-Simon parce qu'il n'est pas un historien. Si Saint-Simon était un historien, c'est-à-dire un homme qui cherche la loi des événements présents et la rattache à la loi des événements passés, un homme enfin qui voit dans les misères d'un règne autre chose qu'un funèbre tableau sans veille ni lendemain, il aurait reconnu comme cause des malheurs de la France le despotisme effréné qui avait absorbé la nation dans un seul homme, le roi. Pour remédier à un tel état de choses, il ne suffit pas de « fabriquer des Salente et autres bonnes petites monarchies bien absolues, ayant pour frein l'honnêteté du roi et l'enfer au bout. » (TAINE.) Sans doute lorsqu'on raconte les faits dont on est témoin, il est bien difficile de ne pas se tromper sur la portée de quelques-uns : l'avenir seul peut décider. Mais, du moins, les grandes lignes ne peuvent échapper. Ainsi, de nos jours, au travers des mille circonstances accessoires qui ont modifié le cours des événements, les historiens reconnaissent deux principes qui tour à tour dominent la société contemporaine : ces deux principes sont la liberté et l'ordre. La société a soif de liberté ; mais la misère et l'ignorance poussant les classes inférieures à des excès qui menacent les intérêts matériels, on se jette du côté où l'on espère trouver l'ordre : la liberté est offerte en holocauste. Puis, quand la panique est passée, on soupire après le bien qu'on a perdu ; et la lutte recommence, et recommencera avec les mêmes alternatives jusqu'à ce que la liberté et l'ordre ne fassent plus qu'une seule et même chose. Or, avant de toucher à ce but suprême, il faut qu'une révolution sociale s'accomplisse. Puisque la misère et son inséparable compagne, l'ignorance, sont la cause de cet antagonisme de l'ordre avec la liberté, l'antagonisme ne prendra fin qu'avec la suppression de la misère et de l'ignorance. Pour combattre la misère il n'y a qu'un moyen efficace, c'est de rendre l'ouvrier propriétaire par l'association. Pour détruire l'ignorance, il n'y a qu'un moyen, c'est de rendre l'instruction gratuite et obligatoire. Au fond, c'est l'idée des Gracques; le but qu'ils voulaient atteindre est le même aujourd'hui, malgré les différences de détails et d'exécution que demandent vingt siècles écoulés. Antinomie provisoire de l'ordre et de la liberté menant tout droit à une révolution sociale et économique, telle est la grande loi générale de l'histoire contemporaine; et voilà ce que tout écrivain, vraiment historien, reconnaît sans peine au milieu des prodigieux coups de théâtre dont nous sommes spectateurs depuis soixante ans.

Saint-Simon a-t-il jamais rien vu d'analogue dans les désastres du règne de Louis XIV, dans la propagande philosophique au milieu du dix-huitième siècle? Il a méconnu le tiers-état qui, cinquante ans plus tard, de rien devint tout. Pour lui, le Parlement n'est qu'une réunion de cuistres superbes qui osent lui refuser le salut. Voltaire, ce grand démolisseur, n'est que le petit Arouet, une manière d'important dans la république des lettres. C'est là tout ce que Saint-Simon voit dans l'un des glorieux Pères de la Révolution.

Puisque Saint-Simon n'a reconnu aucune loi de l'histoire; puisqu'il n'a pas expliqué d'où venaient les malheurs du règne de Louis XIV, ni prévu où ils menaient la France; puisqu'il n'a rien compris, rien expliqué, ni rien prévu, on est en droit de conclure que Saint-Simon n'est pas un historien.

Non-seulement Saint-Simon n'est pas un historien,

mais il n'eut pas le dessein de l'être. En écrivant ses admirables pages, il ne prétendait pas faire l'histoire de son temps; car tenir un journal, ce n'est pas écrire l'histoire. A ce compte, un faiseur d'almanach qui note les événements au jour le jour serait, lui aussi, un historien. Aussi ne dit-on pas l'*Histoire* de Saint-Simon, mais les *Mémoires* de Saint-Simon : ce qui est bien différent. Ce qu'il a voulu surtout, c'est épancher la bile amassée et avec peine contenue pendant la journée; c'est verser le trop plein de ses joies, de ses colères, de ses passions. S'il raconte les plus petites anecdotes, c'est pour égayer ou indigner la postérité, comme il avait été lui-même indigné ou égayé; mais ce n'est point comme preuve d'une grande démonstration. Tacite a écrit des annales et noté quelques détails intimes : mais ces détails sont disposés autour d'un fait général pour lui servir de preuve et le graver en traits ineffaçables. C'est que Tacite a voulu faire une histoire : il est historien.

Saint-Simon ne voulait pas écrire une histoire, et, l'eût-il voulu, il eût probablement échoué, voici pourquoi : il était trop passionné pour pouvoir juger les hommes et les choses avec l'impartialité nécessaire à l'historien. Comment aurait-il pu distinguer les causes et prévoir les effets, tandis que l'émotion s'emparait de son cœur avec la promptitude de la foudre, et ne lui permettait de voir et de sentir qu'à travers le prisme étroit et borné de la sensation présente? Son éducation toute féodale, la sphère où gravitait sa vie, tout lui interdisait la carrière de la grande histoire. Bien plus : l'histoire, la véritable histoire ne pouvait être écrite qu'après 1789. Il fallait la Révolution et l'avénement du tiers-état pour que l'esprit humain, affranchi de tout préjugé, pût découvrir le sens et la loi du passé. Saint-Simon, duc et pair, vivant à la cour, avec des préjugés de caste aussi enracinés, avec des passions aussi ardentes, ne pouvait pas écrire une histoire.

Saint-Simon a fait seulement ce qu'il pouvait faire, c'est-à-dire des Mémoires. Et certes, la postérité ne s'en plaint pas. Car au lieu d'un essai d'histoire qui eût été nécessairement oratoire et faux, elle possède les plus prodigieux matériaux que jamais la main de l'homme ait entassés pour l'histoire. Les Mémoires de Saint-Simon sont peut-être la plus éclatante révélation de la vérité historique. On sait maintenant tout ce que cache la splendeur officielle de la cour de Louis XIV ; quels sanglots d'agonie il y a sous ces fêtes publiques et menteuses ; quelle vilenie sous cette majesté extérieure ! Ces grands seigneurs qu'on nous propose comme des modèles de dignité et de grandeur d'âme, ne sont que des valets léchant la main royale qui leur jette la sportule. Le grand Condé faisait antichambre. Laquais, il faisait sa cour aux laquais de Louis XIV et briguait l'honneur de dîner avec Blein, le préposé à la chaise percée du roi. Ces belles dames, chefs-d'œuvre de politesse, de galanterie délicate, fumaient des pipes de gardes-suisses et s'enivraient de la manière la plus immonde. Un jour, Madame la princesse de Conti, à haute voix, devant toute la cour, appela Madame de Chartres sac-à-vin. Celle-ci, faisant allusion au bas libertinage de l'autre, riposta par sac-à-guenilles. Au milieu d'une procession, la princesse d'Harcourt se prit aux cheveux avec une duchesse. Quant à la galanterie, cette fleur dont on déplore tant la perte, on n'en lit les prouesses que le rouge sur le front, et les lèvres plissées de dégoût. On a bien essayé d'accuser la haine partiale de Saint-Simon; mais les découvertes historiques ont ruiné les objections. Les *Grands jours d'Auvergne*, par Fléchier, le *Journal de Dangeau*, de l'abbé Ledieu, les *Mémoires de Madame*, ceux du ministre Pomponne et beaucoup d'autres, non-seulement donnent aux récits de Saint-Simon une irréfragable créance, mais encore révèlent des faits plus odieux. Le tableau n'était pas assez noir, la vérité exige une plus sombre horreur. Rien n'a contribué à nous dessiller les yeux autant que les *Mémoires* de Saint-Simon. C'est un bienfait qui lui vaudrait à jamais notre reconnaissance, quand même son éloquence entraînante et ses peintures incomparables ne lui auraient pas mérité l'admiration de la postérité.

SUR LA POLITIQUE DE SPINOZA.

Il existe dans la *Politique* de Spinoza une telle contradiction que l'on n'ose recourir à l'autorité de son nom pour soutenir la cause de la liberté. Si Spinoza finit par prouver que la fin de l'État est la liberté, il n'en est pas moins vrai qu'il commence par poser, au début de la *Politique*, les assises du despotisme le plus absolu. Cette théorie du despotisme est-elle fondée? et n'y aurait-il pas une explication à donner de cette contradiction dans un esprit aussi logique que celui du philosophe?

I

MÉTHODE DE SPINOZA. — Jusqu'à Spinoza la science politique n'avait été traitée que par les utopistes et les empiriques. Dans les premiers, on comptait Campanella avec sa cité du soleil, copie de la république de Platon, et Thomas Morus, auteur du pays d'utopie. Machiavel était le plus illustre des seconds. Spinoza est plein de mépris pour les utopistes : « Ils croient avoir fait une chose divine et atteint le comble de la sagesse, quand ils ont appris à célébrer en mille façons une prétendue nature humaine qui n'existe nulle part et à dénigrer celle qui existe réellement. Car ils voient les hommes, non tels qu'ils sont, mais tels qu'ils voudraient qu'ils fussent. D'où il est arrivé qu'au lieu d'une morale, le plus souvent ils ont fait une satire et n'ont jamais conçu une politique qui pût être réduite en pratique, mais plutôt une chimère bonne à être appliquée au pays d'utopie ou du temps de cet âge d'or pour qui l'art des politiques était assurément très-superflu. » (*Traité politique*.)

Spinoza est moins sévère à l'égard des empiriques qu'il appelle les politiques. Ceux-là, du moins, ne se créent pas un monde imaginaire. « Ils ont appris à l'école des faits qu'il y aura des vices tant qu'il y aura des hommes. » Mais au lieu de diriger les hommes d'après les lois de la sagesse, ils n'ont employé que des moyens artificiels tels que les indiquait le besoin présent. Ils ont réussi souvent parce qu'ils ne s'écartaient point de la pratique; mais rien n'a résisté au temps, parce que ces remèdes, nés d'un accident, s'évanouissaient avec lui. Un système fondé sur la nature humaine est seul à l'abri du temps. L'utopie a ses parties très-bien liées; mais ne tenant nul compte de la réalité, elle n'est que chimère et absurdité. L'empirisme a pris l'expérience pour guide; mais ses succès, dus au sens pratique, n'ont pu durer parce qu'ils ne reposaient sur aucun principe. Spinoza prendra une position intermédiaire. Il étudiera la condition même du genre humain, puis il en déduira des principes qui montreront aux yeux de tous que là règnent l'ordre et la constance où le vulgaire voit caprice et hasard. « Lorsque, dit-il, j'ai résolu d'appliquer mon esprit à la politique, mon dessein n'a pas été de rien découvrir de nouveau ni d'extraordinaire, mais seulement de démontrer par des raisons certaines et indubitables ou, en d'autres termes, de déduire de la condition même du genre humain un certain nombre de principes parfaitement d'accord avec l'expérience; et pour porter dans cet ordre de recherches la même liberté d'esprit dont on use en mathématiques, je me suis soigneusement abstenu de tourner en dérision les actions humaines, de les prendre en pitié ou en haine; je n'ai voulu que les comprendre. » (*Traité politique.*)

II

Théorie de Spinoza. — Le fondement de la science politique est l'idée du droit. Spinoza distingue deux espèces de droit, le droit naturel et le droit social. Le droit naturel est celui qui est antérieur à la formation de la société. Le droit social est celui qui résulte de la société. « Comme les hommes, barbares ou civilisés, s'unissent partout entre eux et forment une certaine société civile, il s'ensuit que ce n'est point aux maximes de la raison qu'il faut demander les principes et les fondements naturels de l'État, mais qu'il faut les déduire de la nature et de la condition commune de l'humanité. » (*Traité politique.*)

Spinoza remonte jusqu'à l'idée de Dieu. « Il est certain que la nature, considérée d'un point de vue général, a un droit souverain sur tout ce qui est en sa puissance, c'est-à-dire que le droit de la nature s'étend jusqu'où s'étend sa puissance. La puissance de la nature, c'est, en effet, la puissance même de Dieu, qui possède un droit souverain sur toutes choses : mais comme la puissance universelle de toute la nature n'est autre chose que la puissance de tous les individus réunis, il en résulte que chaque individu a un droit sur tout ce qu'il peut embrasser, ou, en d'autres termes, que le droit de chacun s'étend jusqu'où s'étend sa puissance. » (*Théologico-politique.*) « Autant l'homme a de puissance, dit-il encore, autant il a de droit. » (*Traité politique.*) « Ainsi ce n'est pas la saine raison qui détermine pour chacun le droit naturel, mais le degré de sa puissance et la force de ses appétits. Tous les hommes, en effet, ne sont pas déterminés par la nature à agir selon les règles et les lois de la raison ; tous, au contraire, naissent dans l'ignorance de toutes choses ; et, quelque bonne éducation qu'ils aient reçue, ils passent une grande partie de leur vie avant de pouvoir connaître la vraie manière de vivre et acquérir l'habitude de la vertu. Ils sont cependant obligés de vivre et de se conserver autant qu'il est en eux, et cela en se conformant aux seuls instincts de l'appétit, puisque la nature ne leur a pas donné d'autre guide, qu'elle leur a refusé le moyen de vivre d'après la saine raison, et que conséquemment ils ne sont pas plus obligés de vivre suivant les lois du bon sens qu'un chat selon les lois de la nature d'un lion. Ainsi, quiconque est censé vivre sous le seul empire de la nature a le droit absolu de convoiter ce qu'il juge utile, qu'il soit porté à ce désir par la saine raison ou par la violence des passions; il a le droit de se l'approprier de toutes manières, soit par force, soit par ruse, soit par prières, soit par tous les moyens qu'il jugera les plus faciles, et conséquemment de tenir pour ennemi celui qui veut l'empêcher de satisfaire ses désirs. » (*Théologico-politique*.)

RÉFUTATION PARTIELLE. — Avant d'exposer quelles rigoureuses conséquences Spinoza tire de ces prémisses, il est bon de faire toucher au doigt l'endroit faible de son raisonnement. Il est dans le mot *droit*. Sans doute, l'homme, à l'état naturel, cherche à conserver sa vie par tous les moyens possibles; sans doute, le sauvage ignorant et grossier n'est pas plus obligé de vivre selon les lois de la saine raison qu'un chat selon les lois de la nature du lion. C'est un fait, on ne peut le nier. Mais le mot droit ne peut s'appliquer à tous les faits. Il a été inventé, ou, pour mieux dire, il ne s'est révélé que pour caractériser certains faits et les distinguer des autres. Tant que l'homme vit isolé, le droit n'existe pas, ne peut pas exister, puisque l'idée de droit ne peut naître que lorsque l'on conteste la possession d'une chose à une autre personne. Elle implique un rapport entre deux personnes. Elle ne peut jaillir du cerveau que lorsque l'homme vit en société. Elle suppose donc un progrès déjà considérable dans les mœurs, amené par l'accroissement du bien-être, le développement de la famille et la réflexion de l'esprit sur lui-même et sur les rapports sociaux. Loin de signifier puissance illimitée, le droit implique, au contraire, une restriction de puissance, non pour soi-même, mais pour autrui. Or, comme à notre tour nous sommes *autrui* pour nos semblables, il s'ensuit que le droit entraîne absolument une restriction de puissance. Cela est tellement vrai, que là où un homme possède un pouvoir absolu, le droit des autres périt en fait. Pouvoir absolu et droit sont deux choses qui s'excluent. Pour exister en réalité comme il existe toujours virtuellement, le droit a besoin que chacun abdique une partie de sa puissance au profit de tous. Et plus est grande cette partie abandonnée au profit de tous, plus le droit de chacun acquiert d'extension. Car ce qu'il donne à ses semblables, ceux-ci le lui rendent au centuple. Ainsi donc rien n'est plus faux que d'identifier la puissance et le droit. Ce qui a trompé Spinoza, c'est sa vicieuse et détestable méthode de vouloir tout déduire de l'idée de Dieu. L'idée de Dieu ne peut être que le résultat de l'observation des choses naturelles, l'induction légitime et stricte des faits observés. Loin d'être le fondement de la science, elle n'en est que le couronnement. Dieu, dit Spinoza, est tout; donc son droit est illimité puisqu'il n'y a rien en dehors de lui. Assertion fausse, absurde. Si Dieu est tout, le droit n'existe pas, puisque l'idée de droit implique un rapport entre deux personnes. Si Dieu est *tout*, on peut affirmer de lui une seule chose : *Il est*. Tout le reste, puissance, droit, ne sont que des mots empruntés au genre humain. Les appliquer à Dieu, c'est se perdre dans l'anthropomorphisme. Le droit est humain, la science du droit est une science humaine ; c'est la nature humaine qu'il faut observer, les mœurs humaines qu'il faut connaître. Dieu n'a rien à faire dans la science : cela ne le regarde pas. Aussitôt que l'idée de Dieu intervient dans l'explication d'un fait naturel, on est sûr que les ténèbres ainsi que la folie descendent dans le cerveau de l'homme. Tout est perdu. Ce n'est pas que cette dernière critique atteigne pleinement Spinoza ; puisque, loin de reconnaître un Dieu personnel, il est le démonstrateur le plus rigoureux du panthéisme. Il n'en est pas moins vrai que sa mauvaise méthode l'a fait tomber dans une erreur, sinon identique, du moins analogue à celle des théologiens.

SUITE DE LA THÉORIE. — Dieu étant tout-puissant a un droit illimité. Chaque homme étant une fraction de Dieu participe à son droit. Or, le droit et la puissance sont choses identiques : donc autant l'homme a de puissance, autant il a de droit. Tel est le droit naturel de l'homme. Voilà un premier point établi par Spinoza. Avant de pousser plus loin ses déductions, Spinoza remarque que les hommes, vivant ainsi conformément au droit naturel, sont toujours en guerre les uns contre les autres ; *jamais de franche lippée, tout à la pointe de l'épée*. Ils sont donc très-malheureux. Pour sortir de cet état misérable, ils conviennent qu'ils céderont chacun leur droit à une assemblée générale, ou à un petit nombre, ou à un seul. Quel est le droit du souverain? Il est sans limites. En effet, chaque citoyen ne consentira qu'en paroles à céder son propre droit. Lorsque l'occasion favorable se présentera, il abusera de sa puissance, l'état de guerre renaîtra. Il faut donc que le souverain ait une puissance absolue, afin qu'il puisse frapper de maux terribles quiconque enfreindra ses lois. Or, comme la sécurité est le premier des biens, et qu'une révolte contre le souverain est une atteinte à la sécurité, il s'ensuit, dit Spinoza : « que nous sommes obligés absolument d'exécuter tous les ordres du souverain, même les plus absurdes : car la raison nous prescrit, entre deux maux, de choisir le moindre. » (*Théologico-politique.*) « Alors même qu'un sujet estimerait iniques les décrets de l'État, il n'en serait pas moins tenu de les exécuter. » (*Traité politique.*)

RÉFUTATION. — « Les hommes, dans la condition naturelle, sont ennemis les uns des autres. » (*Traité politique.*) L'homme est un loup pour l'homme, avait dit Hobbes dans un langage plus énergique encore. C'est sur ce prétendu fait que Spinoza fonde son gouvernement absolu. Selon lui, voici quelle serait l'origine de la société : « Comme la crainte de la solitude est inhérente à tous les hommes, parce que nul, dans la solitude, n'a de forces suffisantes pour se défendre ni pour se procurer les choses indispensables à la vie, c'est une conséquence nécessaire que les hommes désirent naturellement l'état de société, et il ne peut se faire qu'ils le brisent jamais entièrement. » (*Traité politique*.) Ces assertions sont presque entièrement fausses. C'est méconnaître la nature de l'homme que de s'attacher à un point unique et de fermer les yeux sur le reste. Et encore ce point est loin d'être le principal.

Tout d'abord, l'homme ne naît point ennemi de l'homme. Il apporte en lui des facultés de deux ordres différents. Le premier ordre comprend les sentiments et les instincts de conservation, ainsi que les passions égoïstes. Le second embrasse les sentiments et les instincts d'amour, d'amitié, l'invincible désir d'échanger ses idées, ses espérances. C'est cet ordre de facultés qui a donné naissance à la société : voilà pourquoi l'homme est un animal sociable. Le premier ordre de facultés intervient comme élément de lutte et de balance; il joue un rôle utile, sans doute; mais réduit à lui seul, il serait impuissant à expliquer non seulement la formation et le maintien de la cité, mais encore la création de la famille. Le loup est un animal solitaire. Pressé par la faim, il peut s'unir à d'autres loups pour poursuivre et atteindre la proie. Mais, une fois le besoin satisfait, ils se séparent, et leur cité éphémère s'évanouit. Ne pas vivre en société serait aussi impossible à l'homme qu'il le serait au castor de ne pas construire une digue et une cabane.

Il est vrai qu'au début les passions brutales prédominent, comme aussi elles prédominent dans l'enfant; c'est que la société a son enfance comme l'homme lui-même. De même que les années et l'expérience développent chez l'enfant le cerveau et la raison, de même aussi la société s'instruit avec le temps, tandis que l'habitude des douces affections de la famille, jointe à celle de la fraternité naissante, accroît de jour en jour le trésor de la civilisation. De ce que l'enfant a besoin d'être dirigé et contenu d'une main sévère, il ne s'ensuit pas qu'une fois parvenu à l'adolescence et à la virilité, il doive subir avec la même rigueur le joug de l'autorité paternelle. Et encore moins le père a-t-il le droit d'être injuste envers le petit être incapable de se conduire lui-même. Sa puissance, il la tient de la raison, et c'est toujours guidé par elle qu'il doit adopter et employer les meilleurs moyens d'élever l'enfant à la dignité d'homme. Être utile à l'enfant, voilà la cause et l'origine de sa puissance : du moment qu'il s'écarte du but, il abdique. Il en est de même pour les hommes en société et le souverain.

Tout est soumis à la loi universelle de naissance, développement et décroissance, les animaux comme le règne végétal, la société comme les individus. L'ensemble d'idées, de sentiments et de mœurs qu'on appelle la civilisation n'est pas le fruit instantané de la famille et de la cité. Ce n'est que peu à peu qu'il grandit et s'étend. Ainsi le chêne ne surgit pas d'un seul coup de l'humble gland; et cependant l'ampleur de sa tige et son vaste feuillage, ouvrage des années, ne peuvent renier leur modeste origine. Spinoza a beau dire que « la nature n'est pas renfermée dans les bornes de la raison humaine, » cela est vrai, mais il est encore bien plus inexact et faux de vouloir renfermer la société et l'homme dans le cercle infranchissable des passions brutales. C'est ignorer la plus grande et la meilleure partie de l'humanité. Celui-là commet une moindre erreur au point de vue de la science et de la méthode qui néglige la petite partie, celle du point de départ, pour étudier et embrasser la phase la plus large et la plus importante du développement humain. Spinoza lui-même, dégagé des entraves d'une logique mal assise, avouera que c'est dans la raison et non dans la passion que les hommes s'accordent entre eux. Il reconnaît ainsi que la raison étant le fait général et constant a seule le caractère de la loi. « La passion pousse toujours les hommes en des sens contraires, et il n'y a que le désir des choses honnêtes ou du moins qui ont une apparence d'honnêteté qui les unisse dans une seule pensée. » (*Traité politique.*)

Résumé. — La première partie de la *Politique* de Spinoza peut se résumer ainsi : Dieu, qui est le tout, a une puissance et un droit sans bornes. Chaque individu étant une fraction du tout, participe aux attributs du tout, et par conséquent a droit à tout ce qu'il peut prendre. Autant il a de puissance, autant il a de droit. Or, les hommes sont ennemis les uns des autres, à cause des passions qui les animent. De là un état de guerre incompatible avec la sécurité, condition essentielle à la conservation et à l'expansion de la vie individuelle. Afin d'obtenir ce bien précieux, les hommes se réunissent en société et conviennent de remettre à un seul, assemblée ou monarque, tous leurs droits. Par conséquent le droit du souverain est absolu et doit rester absolu afin de contenir les appétits toujours renaissants. Par conséquent aussi on doit obéissance aux ordres du souverain même les plus absurdes. Leur désobéir serait affaiblir le frein salutaire et s'exposer au retour de l'anarchie primordiale.

Nous avons vu sur quels principes erronés reposait la théorie de Spinoza. D'une part le droit ne peut appartenir à Dieu, parce que le droit, impliquant un rapport entre deux personnes, ne peut s'appliquer au Tout. D'autre part, il est inexact et faux de dire que les hommes sont essentiellement ennemis les uns des autres. Ne voir que la bestialité des hommes, c'est ne voir qu'une partie de l'homme. La société n'est pas davantage le produit d'un pacte formé uniquement pour subvenir aux besoins de la vie matérielle. La vérité est que, en vertu de son cœur et de son intelligence, il est impossible à l'homme de vivre seul. L'homme est un animal sociable, comme le loup et le lion sont des animaux solitaires. Dans l'histoire naturelle il n'y a pas de fait établi d'une manière plus inébranlable. Ainsi les deux bases sur lesquelles s'appuie l'édifice de Spinoza s'écroulent, et avec elles sa théorie du despotisme.

III

Suite de la théorie. — Dans l'état naturel, il n'y a pour l'homme ni propriété, ni péché, ni justice, ni injustice. « Il n'y a rien dans la nature qui appartient à bon droit à celui-ci plutôt qu'à celui-là ; mais toutes choses sont à tous, et tous ont le pouvoir de se les approprier. » « Dans l'état de nature, nous n'avons pu ni concevoir de péché possible, ni nous représenter Dieu comme un juge qui châtie les péchés des hommes ; mais il nous a paru que toutes choses se produisaient selon les lois générales de la nature universelle, et qu'il n'y avait point de différence entre le juste et l'impie, entre l'homme pur et impur, parce qu'il n'y avait de place ni pour la justice, ni pour la charité. » « Dans l'état de nature, il n'y a rien que chacun puisse moins revendiquer pour soi et faire sien que le sol et tout ce qui adhère tellement au sol qu'on ne peut ni le cacher, ni le transporter. » (*Traité politique*.) La propriété, la justice et l'injustice naissent avec l'État ; c'est l'État qui décrète ce qui est bien, ce qui est mal. De là le droit social.

Réfutation. — Il est certain que pour un homme vivant isolé, le bien et le mal n'existent pas : car le bien et le mal résultent d'un rapport entre deux individus. Mais parce que ces rapports, à l'état isolé, ne peuvent se développer, il ne s'ensuit pas qu'ils ne sont rien autre chose qu'une création arbitraire. Ils ressemblent au grain qui, jeté sur un roc, ne produit rien. Mais, dès que le vent l'a porté sur l'humus, à l'instant même le germe apparaît, la tige s'élance et l'épi mûrit. Faut-il en conclure que la fécondité et la vie n'appartiennent pas au grain, mais sont un don extérieur que leur a fait l'humus? Non, sans doute; l'humus n'a fait que prêter son concours au développement de la vie qui préexistait dans le grain de blé. Ainsi les idées de propriété, de bien, de justice n'attendent pour naître qu'un terrain favorable; dès qu'un second homme associe son existence à celle d'un premier, elles surgissent. La société ne les crée donc pas; elle n'est que le lieu propre à favoriser leur éclosion. Si le cerveau n'était pas préformé de manière qu'au premier choc déterminé l'étincelle de la justice ne jaillît sur le champ, jamais il ne pourrait recevoir de l'État une telle vertu. On aurait beau planter un caillou dans la meilleure des terres, comme il n'est pas doué de la vie, apanage du grain de blé, il ne pousserait jamais ni feuilles ni fleurs. Il est vrai que les idées de juste et d'injuste ne se montrent pas immédiatement ni dans tous avec la netteté, la clarté, l'étendue qu'elles auront plus tard dans la succession des siècles. Non, comme elles sont fondées, d'une part, sur la nature de l'homme, sensations, sentiments et intelligence; et d'autre part, sur les rapports de l'homme avec ses semblables, il suit de là que mieux l'homme pénètre dans la connaissance de sa propre nature et dans celle des rapports étendus et variés qu'il a avec ses semblables, plus aussi les idées de propriété, de justice et d'injustice acquièrent de netteté, d'énergie et de profondeur.

IV

Un génie aussi vigoureux, un observateur aussi clairvoyant que Spinoza ne pouvait pas rester enfermé dans un système aussi contraire à la vérité et aux faits. C'est déjà beaucoup qu'il ait pu y faire ce court passage : il ne sera pas sans intérêt d'en rechercher les causes. Phénomène singulier que certaines défaillance de ces esprits supérieurs ! Telle est, par exemple, cette étrange aberration de Spinoza, faisant l'apologie de la mauvaise foi. « La parole n'est valable, dit-il, qu'autant que celui qui l'a donnée ne change pas de volonté. Car s'il a le pouvoir de reprendre sa promesse, il n'a en réalité rien cédé de son droit, il n'a donné que des paroles. » (*Traité politique.*) Comme si la parole n'était pas la manifestation extérieure de l'âme, l'âme elle-même rayonnant au dehors, dans le monde sensible ! Et voilà où la déduction logique à outrance entraîne celui dont la vie est un modèle de bonne foi et de fidélité à la parole donnée. Aussi, il faut voir comme cette odieuse maxime embarrasse cet honnête esprit ! Dans quelles explications pitoyables ou distinctions jésuitiques il s'empêtre pour justifier son injustifiable erreur ! C'est là son châtiment.

THÉORIE, DEUXIÈME PARTIE DÉTRUISANT LA PREMIÈRE. — Tout à l'heure Spinoza établissait que le droit du souverain est absolu; que les sujets doivent exécuter ses ordres si absurdes et si iniques qu'ils soient, en un mot, l'annulation de l'individu au profit de l'État. Nous allons le voir maintenant se réfutant lui-même, et, par une heureuse inconséquence, établir avec une force et une évidence invincible qu'il y a quelque chose de supérieur à l'État, laquelle chose nul citoyen, même quand il le voudrait dans un moment de folie ou de désespoir, ne pourrait abdiquer d'une manière irrévocable : c'est le cri de la conscience, la voix de la raison. « Personne ne peut se dessaisir de la faculté de juger. Par quelles récompenses, en effet, ou par quelles promesses amènerez-vous un homme à croire que le tout n'est pas plus grand que sa partie, ou que Dieu n'existe pas, ou que le corps qu'il voit fini est l'être infini, et généralement à croire le contraire de ce qu'il sent et de ce qu'il pense? Et de même, par quelles récompenses ou par quelles menaces le déciderez-vous à aimer ce qu'il hait ou à haïr ce qu'il aime? J'en dis autant de ces actes pour lesquels la nature humaine ressent une répugnance si vive qu'elle les regarde comme les plus grands des maux, par exemple, qu'un homme rende témoignage contre lui-même, qu'il se torture, qu'il tue ses parents, qu'il ne s'efforce pas d'éviter la mort, et autres choses semblables où la récompense et la menace ne peuvent rien. Que si nous voulions dire toutefois que l'État a le droit ou le pouvoir de commander de tels actes, ce ne pourrait être que dans le même sens où l'on dit que l'homme a le droit de tomber en démence et de délirer. » (*Traité politique*.) « Il n'est pas possible qu'un homme abdique sa pensée et la soumette absolument à celle d'autrui. Personne ne peut faire ainsi l'abandon de ses droits naturels et de la faculté qui est en lui de raisonner librement et de juger librement des choses; personne n'y peut être contraint. Voilà pourquoi le souverain semble commettre une injustice envers les sujets et usurper leurs droits, lorsqu'il prétend prescrire à chacun ce qu'il doit accepter comme vrai et rejeter comme faux, et les croyances qu'il doit avoir pour satisfaire au culte de Dieu. C'est que toutes ces choses sont le droit propre de chacun, droit qu'aucun citoyen, le voulût-il, ne saurait aliéner. » (*Théologico-politique*.) La conséquence de ce fait primordial, c'est que l'État, loin d'être omnipotent, est subordonné à ce fait. Il y a des vérités supérieures, les vérités rationelles; c'est pour assurer leur libre expansion que l'État doit être constitué. Telle est son essence. Si le souverain par sa conduite et ses ordres s'oppose et nuit au développement de ces vérités premières, le souverain va à l'encontre de son essence même; il détruit la cause qui l'a fait naître. « Si l'État n'était astreint à aucune loi, à aucune règle, pas même à celles sans lesquelles l'État cesserait d'être l'État, alors l'État dont nous parlons ne serait plus une réalité, mais une chimère. L'État pèche donc quand il fait ou quand il souffre des actes qui peuvent être causes de sa ruine; il pèche quand il agit contre les règles de la raison. » (*Traité politique*.) « Le meilleur gouvernement est celui où les hommes passent leur vie dans la concorde. J'entends par là une vie humaine, une vie qui ne se définit point par la circulation du sang et autres fonctions communes à tous les animaux, mais avant tout par la véritable vie de l'âme, par la raison et la vertu. » (*Traité politique*.) Dirait-on que ce langage est celui du philosophe qui expliquait naguère la formation de la société par les besoins d'une vie animale plus facile ? On reconnaîtrait encore bien moins le théoricien du despotisme dans celui qui définit ainsi l'État : « La fin dernière de l'État n'est pas de dominer les hommes, de les retenir par la crainte, de les soumettre à la volonté d'autrui, mais tout au contraire de permettre à chacun, autant que possible, de vivre en sécurité, c'est-à-dire de conserver intact le droit naturel qu'il a de vivre, sans dommage ni pour lui, ni pour autrui. Non, dis-je, l'État n'a pas pour fin de transformer les hommes d'êtres raisonnables en animaux ou automates, mais bien de faire en sorte que les citoyens développent en sécurité leur corps et leur esprit, fassent librement usage de leur raison, ne rivalisent point entre eux de haine, de fureur et de ruse, et ne se considèrent point d'un œil jaloux et injuste. La fin de l'État, c'est donc véritablement la liberté. » (*Théologico-politique*.)

V

Spinoza passe en revue les différents systèmes de gouvernement, la monarchie, l'aristocratie, la démocratie. L'idéal pour lui est la démocratie dont il fait ce bel éloge : « Cette forme de gouvernement me semble la plus naturelle et la plus rapprochée de la liberté que la nature donne à tous les hommes. Car dans cet État personne ne transfère à un autre son droit naturel, de telle sorte qu'il ne puisse plus délibérer à l'avenir ; il ne s'en démet qu'en faveur de la majorité de la société tout entière, dont il est l'une des parties. » (*Théologico-politique*.) Mais esprit pratique avant tout, il admet tout gouvernement, pourvu que celui-ci garantisse aux citoyens la sécurité et l'exercice de la vie selon la raison. Il rejette tout gouvernement, quelle que soit sa forme, qui pousserait les citoyens dans la vie selon les appétits. L'exposition des divers systèmes et les critiques de Spinoza sont en dehors du cadre circonscrit de cette étude. Toutefois on peut dire que rien ne fait plus honneur à la pénétrante sagacité de Spinoza que la manière dont il oppose la fausseté et les périls du gouvernement absolu aux avantages du gouvernement tempéré.

Il est certains points qui ont aujourd'hui un intérêt aussi vif qu'au temps passé : ce ne sera pas chose inutile de faire connaître sur eux la pensée et le jugement de Spinoza.

CONTRE LA MONARCHIE ABSOLUE. — « Nul individu n'est tellement vigilant qu'il ne lui arrive pas une fois de sommeiller, et jamais homme ne posséda une âme assez puissante et assez entière pour ne se laisser entamer et vaincre dans aucune occasion, dans celles-là surtout où il faut déployer une force d'âme extraordinaire. Et, certes, il y a de la sottise à exiger d'autrui ce que nul ne peut obtenir de soi et à demander à un homme qu'il songe aux autres plutôt qu'à lui-même, qu'il ne soit ni avare, ni envieux, ni ambitieux, etc., quand cet homme est justement exposé tous les jours aux excitations les plus fortes de la passion. D'un autre côté, l'expérience paraît enseigner qu'il importe à la paix et à la concorde que tout le pouvoir soit confié à un seul. Aucun gouvernement, en effet, n'est demeuré aussi longtemps que celui des Turcs sans aucun changement notable, et, au contraire, il n'y en a pas de plus changeants que les gouvernements populaires ou démocratiques, ni de plus souvent troublés par les séditions. Il est vrai; mais si l'on donne le nom de paix à l'esclavage, à la barbarie et à la solitude, rien alors de plus malheureux pour les hommes que la paix. » (*Traité politique*.)

« Il arrive souvent qu'on élit un roi à cause de la guerre, parce qu'en effet avec un roi la guerre se fait plus heureusement. Grande sottise, assurément, de se rendre esclaves pendant la paix pour avoir voulu faire plus heureusement la guerre, si toutefois la paix est possible dans un État où le pouvoir souverain a été transféré, uniquement en vue de la guerre, à un seul individu; où par conséquent ce n'est que pendant la guerre que cet individu peut montrer sa force et tout ce que gagnent les autres à se concentrer en lui. » (*Traité politique*.)

« Le roi ne peut, à lui seul, contenir tous les citoyens par la crainte; sa puissance, comme nous l'avons dit, s'appuie sur le nombre des soldats, et plus encore sur leur courage et leur fidélité, vertus qui ne se démentent jamais chez les hommes, tant que le besoin, honnête ou honteux, les tient réunis. D'où il arrive que les rois ont coutume d'exciter plus souvent les soldats que de les contenir, et de dissimuler plutôt leurs vices que leurs vertus; et on les voit la plupart du temps, pour opprimer les grands, rechercher les gens oisifs et perdus de débauche, les distinguer, les combler d'argent et de faveurs, leur prendre les mains, leur jeter des baisers, en un mot, faire les dernières bassesses en vue de la domination. » (*Traité politique.*)

« Confier l'État à un seul homme et en même temps garder la liberté, c'est chose évidemment impossible, et par conséquent il y a de la sottise, pour éviter un petit dommage, à s'exposer à un grand mal. Mais voilà bien l'éternelle chanson de ceux qui convoitent le pouvoir absolu : qu'il importe hautement à l'État que ses affaires se fassent dans le secret, et autres beaux discours qui, sous le voile de l'utilité publique, mènent tout droit à la servitude. » (*Traité politique.*)

CONTRE LES ARMÉES PERMANENTES ET LA SOLDE. — « Que si l'on repousse cette organisation de l'armée pour la recruter dans une classe particulière de citoyens, il est nécessaire alors de leur allouer une solde. Une autre conséquence inévitable, c'est que le roi placera les citoyens qui portent les armes fort au-dessus de tous les autres ; d'où il résulte que vous donnez le premier rang dans l'État à des hommes qui ne savent autre chose que la guerre ; qui pendant la paix tombent dans la débauche par oisiveté, et qui enfin, à cause du mauvais état de leurs affaires domestiques, ne méditent rien que guerre, rapines et discordes civiles. Nous pouvons donc affirmer qu'un gouvernement monarchique ainsi institué est en réalité un état de guerre, où l'armée seule est libre et tout le reste esclave. » (*Traité politique.*)

« Quant aux soldats stipendiés, on sait qu'accoutumés à la discipline militaire, endurcis au froid et aux privations, ils méprisent d'ordinaire la foule des citoyens comme incapable de les égaler à beaucoup près dans les attaques de vigueur et en rase campagne. C'est là aux yeux de tout esprit sain une cause de ruine et de fragilité. Au contraire, tout appréciateur équitable reconnaîtra que l'État le plus ferme de tous, c'est celui qui ne peut que défendre ses possessions acquises sans convoiter les territoires étrangers, et qui dès lors s'efforce par tous les moyens d'éviter la guerre et de maintenir la paix. » (*Traité politique.*)

CONTRE LES NOBLES. — « La superbe est le propre des dominateurs. Les hommes s'enorgueillissent d'une distinction accordée pour un an ; quel doit être l'orgueil des nobles qui visent à des honneurs éternels ! Mais leur arrogance est revêtue de faste, de luxe, de prodigalités, de vices qui forment un certain accord ; elle se pare d'une sorte d'ignorance savante et d'élégante turpitude, si bien que des vices qui sont honteux et laids, quand on les regarde en particulier, deviennent chez eux bienséants et honorables au jugement des ignorants et des sots. » (*Traité politique.*)

Distinction entre le sujet et l'esclave. — « Nous établissons une grande différence entre l'esclave, le fils et le sujet, et l'on peut la définir ainsi : l'esclave est celui qui est obligé d'obéir aux ordres de son maître dans l'intérêt de celui qui les prescrit ; le fils en obéissant à son père n'agit que dans ses propres intérêts ; enfin le sujet fait, par ordre du souverain, ce qui est utile à la communauté, et conséquemment aussi à lui-même. » (*Théologico-politique.*)

La fausse et la véritable paix. — « Un État où les sujets ne prennent pas les armes par ce seul motif que la crainte les paralyse, tout ce qu'on en peut dire, c'est qu'il n'a pas la guerre, mais non pas qu'il ait la paix. Car la paix, ce n'est pas l'absence de guerre; c'est la vertu qui naît de la vigueur de l'âme; et la véritable obéissance est une volonté constante d'exécuter tout ce qui doit être fait d'après la loi commune de l'État. Aussi bien une société où la paix n'a d'autre base que l'inertie des sujets, lesquels se laissent conduire comme un troupeau et ne sont exercés qu'à l'esclavage, ce n'est plus une société, c'est une solitude. » (*Traité politique.*)

Pour la liberté de penser. — « Veut-on obtenir des citoyens, non une obéissance forcée, mais une fidélité sincère? Veut-on que le souverain conserve l'autorité d'une main ferme et ne soit pas obligé de fléchir sous les efforts des séditieux, il faut de toute nécessité permettre la liberté de la pensée, et gouverner les hommes de telle façon que, tout en étant ouvertement divisés de sentiments, ils vivent cependant dans une concorde parfaite. On ne saurait douter que ce mode de gouvernement ne soit excellent et n'ait que de légers inconvénients, attendu qu'il est parfaitement approprié à la nature humaine. N'avons-nous pas montré que dans le gouvernement démocratique (le plus voisin de l'état naturel) tous les citoyens s'obligent par un pacte à conformer à la volonté commune leurs actions, mais non pas leurs jugements et leurs pensées, c'est-à-dire que tous les hommes, ne pouvant pas avoir sur les mêmes choses les mêmes sentiments, ont établi que force de loi serait acquise à toute mesure qui aurait pour elle la majorité des suffrages, en se conservant cependant le pouvoir de remplacer cette mesure par une meilleure, s'il s'en trouvait ? Moins donc on accorde aux hommes la liberté de la pensée, plus on s'écarte de l'état qui leur est le plus naturel, et plus par conséquent le gouvernement devient violent.... Ceux-là sont les vrais perturbateurs de l'ordre public qui, dans un État libre, veulent détruire cette liberté de la pensée que rien ne saurait étouffer. » *(Théologico-politique.)*

« Que si nous remarquons que la fidélité de chaque citoyen à l'égard de l'État, comme à l'égard de Dieu, ne se juge que par les œuvres, à savoir par la charité pour le prochain, nous ne douterons plus qu'un État excellent n'accorde à chacun autant de liberté pour philosopher que la foi, nous l'avons vu, peut lui en accorder. J'en conviens volontiers, cette liberté pourra être l'origine de quelques inconvénients; mais où est l'institution si sagement conçue qui ne soit l'origine de quelques inconvénients? Vouloir tout soumettre à l'action des lois, c'est irriter le vice plutôt que de le corriger. Ce qu'on ne saurait empêcher, il faut le permettre, malgré les abus qui en sont si souvent la suite. Que de maux ont leur origine dans le luxe, la jalousie, l'avarice, l'ivrognerie et autres mauvaises passions! On les supporte cependant, parce que les lois n'ont pas de moyen de les réprimer, bien que ce soient des vices réels; à plus forte raison faut-il permettre la liberté de la pensée qui est une vertu et qu'on ne saurait étouffer. Ajoutez qu'elle ne donne lieu à aucun inconvénient que les magistrats, avec l'autorité dont ils sont revêtus, ne puissent facilement éviter, comme je le montrerai tout à l'heure. Je ne ferai pas même remarquer que cette liberté de la pensée est absolument nécessaire au développement des sciences et des arts, lesquels ne sont cultivés avec succès et bonheur que par les hommes qui jouissent de toute la liberté et de toute la plénitude de leur esprit. » (*Traité théologico-politique.*)

Avec quelle éloquence Spinoza décrit les suites funestes de l'oppression de la pensée! « Et ce n'est pas seulement la raison, c'est aussi l'expérience qui prouve, par des exemples journaliers, que ces lois, qui prescrivent à chacun ce qu'il doit croire et défendent de parler ou d'écrire contre telle ou telle opinion, ont été instituées au profit de quelques citoyens, ou plutôt pour conjurer la colère de ceux qui ne peuvent supporter la liberté de l'intelligence, et qui, grâce à leur funeste autorité, peuvent facilement changer en fureur la dévotion d'une populace séditieuse et diriger sa colère à leur gré. Combien ne serait-il pas plus sage de contenir la colère et la fureur de la foule, au lieu d'instituer ces lois inutiles qui ne sauraient être violées que par ceux qui ont l'amour de la vertu et du bien, et de mettre l'État dans la dure nécessité de ne pouvoir tolérer d'hommes libres dans son sein ! Quoi de plus funeste pour un État que d'envoyer en exil, comme des méchants, d'honnêtes citoyens, parce qu'ils n'ont pas les opinions de la foule et qu'ils ignorent l'art de feindre ? Quoi de plus fatal que de traiter en ennemis et d'envoyer à la mort des hommes qui n'ont commis d'autre crime que celui de penser avec indépendance ? Voilà donc l'échafaud, épouvante des méchants, qui devient le glorieux théâtre où la tolérance et la vertu brillent dans tout leur éclat et couvrent publiquement d'opprobre la majesté souveraine ! A coup sûr on ne saurait apprendre à ce spectacle qu'une chose, à imiter ces nobles martyrs, ou, si l'on craint la mort, à se faire le lâche flatteur du pouvoir. » (*Théologico-politique*.)

CONTRE L'IMMIXTION DE L'ÉGLISE DANS LES AFFAIRES PUBLIQUES. — « Il n'y a rien de plus funeste à la fois à la religion et à l'État que de confier aux ministres du culte le droit de porter des décrets ou d'administrer les affaires publiques. Au contraire, toutes choses demeurent bien établies, lorsqu'ils se renferment dans les limites de leurs attributions et qu'ils se bornent à répondre aux questions qui leur sont adressées, et, en tous cas, restreignent leurs enseignements et leurs actes administratifs aux choses reçues et consacrées par un long usage. Rien n'est si périlleux que de rapporter et de soumettre au droit divin des choses de pure spéculation, et d'imposer des lois aux opinions qui sont ou peuvent être un sujet de discussion parmi les hommes. Le gouvernement, en effet, ne peut être que violent là où les opinions, qui sont la propriété de chacun et dont personne ne saurait se départir, sont imputées à crime; il y a plus, dans un tel pays, le gouvernement est ordinairement le jouet des fureurs du peuple. Ainsi Pilate, cédant à la colère des pharisiens, fit crucifier le Christ qu'il croyait innocent. Ensuite les pharisiens, pour dépouiller les riches de leurs dignités, se mirent à agiter les questions religieuses et à accuser d'impiété les sadducéens; et, à l'exemple des pharisiens, les plus détestables hypocrites, agités de la même rage, qu'ils décoraient du nom de zèle pour les droits de Dieu, s'acharnèrent à persécuter des hommes recommandables par leurs vertus et odieux par cela même au peuple, décriant publiquement leurs opinions et allumant contre eux la colère d'une multitude effrénée. Or, comme cette licence religieuse se déguise sous le masque de la religion, elle échappe à tout moyen de répression là surtout où le souverain a introduit quelque secte dont il n'est pas lui-même le chef. Car alors les hommes qui dirigent l'État ne sont plus considérés comme les interprètes du droit divin, mais comme de simples sectaires qui reconnaissent dans les docteurs de la secte les légitimes interprètes de ce droit. Et voilà pourquoi, aux yeux du peuple, l'autorité des magistrats touchant les croyances religieuses est de nulle valeur; celle des docteurs, au contraire, est toute-puissante, au point que les rois mêmes doivent, selon lui, se soumettre docilement à leurs interprétations. Pour mettre les États à l'abri de tous ces maux, on ne saurait imaginer rien de mieux que de faire consister la piété et le culte tout entier dans les œuvres, à savoir, dans l'exercice de la charité et de la justice, et de laisser libre le jugement de chacun sur tout le reste.» (*Théologico-politique.*)

La séparation de l'Église et de l'État et la liberté de conscience, voilà ce que demande Spinoza. Toutefois il craint tellement que l'Église soumise au régime de la liberté n'opprime les consciences, qu'il la place sous la dépendance de l'État. Un chapitre tout entier du *Théologico-politique* est consacré à démontrer la nécessité de cette mesure.

Sur le serment. — « Ceux qui sont obligés par la loi de prêter serment seront plus en garde contre le parjure si on leur prescrit de jurer par le salut de la patrie et la liberté que s'ils juraient par Dieu. En effet, jurer par Dieu, c'est engager son salut, c'est-à-dire un bien particulier dont chacun est juge; mais jurer par la liberté et le salut de la patrie, c'est engager le bien de tous, dont nul particulier n'est juge; et par conséquent se parjurer, c'est se déclarer ennemi de la patrie. » (*Traité politique*.)

VI

Comment le philosophe qui a prouvé avec tant d'éloquence que le fondement de l'État est la liberté, a-t-il pu, au début, esquisser la théorie du despotisme? Comment expliquer cette anomalie? La grande cause, la cause déterminante, semble appartenir à la nature même de Spinoza. L'état des mœurs et les événements politiques, à l'époque où il vivait (1632-1677), puis les persécutions particulières dont il fut l'objet, ont dû donner à cette cause une énergie extraordinaire.

Spinoza, qui passa le court espace de sa vie à méditer et à philosopher, avait, comme tous les hommes d'étude, l'amour de la paix et de la tranquillité. Or, à cette époque les lumières étaient encore bien moins répandues dans le peuple qu'elles ne le sont maintenant. La classe moyenne, foyer le plus vif des mœurs polies, n'avait pas l'importance politique ni l'extension que lui a donnée la Révolution. Au-dessus étaient les nobles, dont Spinoza a tracé un si énergique portrait. Au bas s'agitait l'immense multitude, ensevelie dans les ténèbres de la barbarie, et perpétuel sujet d'effroi pour les hommes policés. En ces temps de guerre continue, les armées n'étaient guère qu'un ramassis de brigands habitués aux pillages et aux massacres. C'est en frémissant d'horreur qu'on lit, dans les mémoires du temps, le récit des excès commis par la soldatesque. A l'intérieur des villes, la populace, dévorée par la lèpre de la misère et de la bestialité, était prompte à saisir l'occasion de s'abandonner à ses appétits. Spinoza était témoin des malheurs qu'entraînait la guerre faite par Louis XIV à la république de Hollande. Il avait vu dans une émeute mettre en pièces son bienfaiteur, le grand pensionnaire Jean de Witt, ainsi que son frère. Dans son enfance, les querelles religieuses des Arminiens et des Gomaristes avaient ensanglanté la patrie. Il ne restait plus, pour porter au plus haut degré dans l'âme de Spinoza l'amour de la paix, qu'à subir des persécutions personnelles : elles ne lui manquèrent pas.

Lorsque la lecture des œuvres de Descartes l'eut invinciblement tourné vers la philosophie, il se sépara peu à peu des rabbins juifs et de leur communion. « J'ai voulu lire et j'ai même lu quelques-uns des kabbalistes, dit-il, mais je déclare que la folie de ces charlatans passe tout ce que l'on peut dire. » Dès lors il fut en butte à toutes les injures du fanatisme et de la haine sacerdotale, de toutes la plus implacable. Un jour qu'il sortait de la comédie, un juif le frappa d'un coup de couteau. Spinoza, pour mettre ses jours en sûreté, fut obligé de quitter Amsterdam et d'aller, selon l'expression de son biographe, poursuivre ses études et ses méditations physiques dans quelque retraite paisible et éloignée du bruit. Les rabbins prononcèrent contre lui leur grande excommunication. Spinoza passa quatre ans dans un village près de La Haye, se faisant un grand nombre d'amis parmi les gens distingués.

La tranquillité dont il jouissait ne fut pas de longue durée. La publication du *Théologico-politique* souleva dans l'Europe un véritable orage. Les persécutions dirigées contre lui par les théologiens et d'imbéciles cartésiens, comme les appelle Spinoza, le dégoûtèrent de ne plus rien donner au public. Son fameux livre, l'*Éthique*, ne fut imprimé qu'après sa mort, ainsi que le *Traité politique*, resté inachevé. Toutefois sa réputation s'était répandue au loin. Le prince de Condé, alors à Utrecht, témoigna le désir de le voir. Spinoza se rendit à Utrecht; mais les nécessités de la guerre en avaient éloigné Condé. Spinoza, de retour, fut, à l'instigation des théologiens, accusé par la populace d'espionnage et courut le risque d'être massacré. Lorsqu'il mourut, à peine âgé de quarante-cinq ans, de nouvelles persécutions le menaçaient, « de sorte que, dit l'un de ses contemporains, ce n'a pas été un petit bonheur pour lui d'être échappé à la tempête que ses ennemis lui préparaient. Ils l'avaient rendu odieux au peuple parce qu'il avait donné les moyens de distinguer l'hypocrisie de la véritable piété et d'éteindre la superstition. »

C'est ainsi que s'écoula la vie de cet homme, l'un des plus grands par le génie, l'un des plus saints par la pureté des mœurs, le désintéressement et les vertus privées. On comprend maintenant pourquoi la sécurité, la paix devinrent pour lui le bien suprême. Or, pour les conserver, il fallait un pouvoir capable d'enchaîner les passions de la populace profane ou religieuse. « La raison nous prescrit impérieusement de chercher la paix, laquelle *n'est possible* que si les droits de l'État sont préservés de toute atteinte. » (*Traité politique*.) « Je dis que la paix ne peut jamais être achetée trop cher. » (*Idem*.) De là la nécessité d'un gouvernement fort : c'est la liberté qui est offerte en holocauste.

Cette soif de tranquillité est la même chez tous les hommes spéculatifs. « Les choses du monde le plus déraisonnables, dit Pascal, deviennent les plus raisonnables par le dérèglement des hommes. Qu'y a-t-il de moins raisonnable que de choisir pour gouverner un État le premier fils d'une reine? L'on ne choisit pas pour gouverner un bateau, celui des voyageurs qui est de meilleure maison: cette loi serait ridicule et injuste. Mais parce qu'ils le sont et le seront toujours (ridicules et injustes), elle devient raisonnable et juste, car qui choisira-t-on? le plus vertueux et le plus habile? nous voilà maintenant aux mains : chacun prétend être le plus vertueux et le plus habile. Attachons donc cette qualité à quelque chose d'incontestable. C'est le fils aîné du roi. Cela est net, il n'y a point de dispute. La raison ne peut mieux faire, car la guerre civile est le plus grand des maux. »

La théorie de Spinoza nous semble étrange parce que les conditions sociales ont changé. Les mœurs du peuple se sont singulièrement adoucies depuis un demi-siècle, tandis que la classe moyenne est devenue prédominante. L'essor du commerce et de l'industrie rend la guerre de plus en plus impossible. On oublie la barbarie et les misères du passé en voyant la prospérité et la civilisation présentes. Comme nous ne sommes plus affligés des mêmes maux, la raison n'est point aussi résignée à voiler son idéal devant la paix à tout prix. Et cependant, malgré ces progrès immenses, l'histoire contemporaine n'a-t-elle pas donné les preuves les plus éclatantes de la liberté immolée à la sécurité? et cela, non pas même en présence des excès d'une multitude déchaînée, mais par peur de sa seule ombre. Spinoza avait de bien autres motifs pour établir l'omnipotence de l'État, car la bête féroce rugissait et déchirait sous ses yeux. Un esprit systématique comme le sien devait, une fois le principe posé, *homo homini lupus*, en tirer les conséquences logiques. Telle est sans doute la cause qui a induit Spinoza à donner la théorie du despotisme, au début de la *Politique*. La réfutation qu'il en fait ensuite lui-même, malgré un faible effort pour rattacher la première partie de sa doctrine à la conclusion, prouve qu'il ne cherchait qu'un gouvernement fort. Or, au fond, rien n'est plus fragile que le despotisme, comme il l'a si bien démontré, et rien ne ressemble moins à la véritable paix que la solitude faite par le tyran. Loin qu'un gouvernement fort soit incompatible avec la liberté, c'est elle seule qui peut la créer, elle seule qui donne à la paix son fondement inébranlable en favorisant l'expansion de l'activité des citoyens et en leur garantissant les fruits de leur travail. La pierre angulaire de tout gouvernement fort est cette liberté de conscience et de philosopher chère à Spinoza, et qu'il n'a cessé de demander avec une logique si puissante et un accent si ému. C'est à la revendiquer qu'il consacrait les dernières et admirables lignes de son traité *Théologico-politique* : « Ainsi nous avons montré : 1° qu'il est impossible de ravir aux hommes la liberté de dire ce qu'ils pensent ; 2° que, sans porter atteinte au droit et à l'autorité des souverains, cette liberté peut être accordée à chaque citoyen, pourvu qu'il n'en profite pas pour introduire quelque innovation dans l'État ou pour commettre quelque action contraire aux lois établies ; 3° que chacun peut jouir de cette même liberté sans troubler la tranquillité de l'État et sans qu'il en résulte d'inconvénients dont la répression ne soit facile ; 4° que chacun en peut jouir sans porter atteinte à la piété ; 5° que les lois qui concernent les choses de pure spéculation sont parfaitement inutiles ; 6° enfin, que non-seulement cette liberté peut se concilier avec la tranquillité de l'État, avec la piété, avec les droits du souverain, mais encore qu'elle est nécessaire à la conservation de tous ces objets. Là, en effet, où on s'efforce de la ravir aux hommes, là où l'on fait le procès aux opinions dissidentes, et non aux individus, qui seuls peuvent faillir, là ce sont les honnêtes gens dont le supplice est donné en exemple, et ces supplices sont considérés comme de vrais martyres qui enflamment la colère des gens de bien et excitent en eux des sentiments de pitié, sinon de vengeance, au lieu de porter la frayeur dans leur âme. Alors les saines pratiques et la bonne foi se corrompent, la flatterie et la perfidie sont encouragées, les ennemis des victimes triomphent en voyant le pouvoir faire de telles concessions à leur fureur et par là se constituer sectateur de la doctrine dont ils se donnent pour interprètes. Qu'arrive-t-il enfin ? que ces hommes usurpent toute autorité, et ne rougissent point de se déclarer immédiatement élus par Dieu, de proclamer divins leurs décrets, et simplement humains ceux qui émanent du gouvernement, afin de les soumettre aux décrets divins, c'est-à-dire à leurs propres décrets. Or qui ne sait combien cet excès est contraire au bien de l'État ? C'est pourquoi je conclus qu'il n'y a rien de plus sûr pour l'État que de renfermer la religion et la piété tout entière dans l'exercice de la charité et de l'équité, de restreindre l'autorité du souverain, aussi bien en ce qui concerne les choses sacrées que les choses profanes, aux actes seuls, et de permettre, du reste, à chacun de penser librement et d'exprimer librement sa pensée. »

CORNEILLE ET GUILLEM DE CASTRO.

LES DEUX CID.

Rien n'est plus commun que d'entendre dire : « Corneille a emprunté le sujet du *Cid* à Guillem de Castro ; mais la tragédie française est bien supérieure à l'original. » C'est comme une tradition littéraire en France. Il est même à remarquer que ceux-là insistent le plus sur la supériorité du *Cid* cornélien qui n'ont pas lu un seul mot du drame espagnol. Du reste, combien y en a-t-il qui connaissent de Guillem de Castro autre chose que son nom ? Ne serait-ce pas justice de montrer, pièces en main, que Guillem de Castro, dans la *Jeunesse du Cid*, ne le cède point à Corneille au triple point de vue des personnages, du dialogue et de la conduite de la pièce ; et qu'il a déployé plus d'invention, en un mot, de génie, dans la conception première du drame ?

I

LE SYSTÈME DRAMATIQUE ET LES PERSONNAGES. — Tout d'abord les deux œuvres se distinguent l'une de l'autre par un caractère bien tranché : celui du système dramatique qui a présidé à leur création. Ce fait est d'une importance de premier ordre pour les conséquences qui en résultent dans l'agencement des scènes et dans la manière d'agir des personnages. La pièce de Guillem de Castro est un drame, dans l'acception restreinte et toute moderne de ce mot; celle de Corneille est une tragédie. Or, le drame, que n'enchaînent pas les trois unités de lieu, de temps et d'action, se développe avec aisance, au gré de l'imagination du poète, embrassant dans son large sein les épisodes qui servent à la peinture des caractères ou à la préparation du dénouement. Avec une telle liberté d'allure, il est évident que sa marche doit être plus rapide et plus facile. La faculté de franchir l'espace et les années permet de supprimer les longueurs et les détails accessoires qui, dans la tragédie, servent de liaison entre les scènes. La tragédie est contrainte, pour satisfaire aux règles, d'amener par une suite de récits la situation que le drame, affranchi de toute tutelle, met sur le champ sous nos yeux. De là aussi la nécessité pour la tragédie de suppléer au vide de l'action par le développement des idées et des sentiments ; ce qui fait d'elle plutôt une analyse psychologique et oratoire que la reproduction de la vie réelle. Aujourd'hui la question est jugée. Le système des trois unités a succombé, et avec lui la tragédie. D'autre part, le drame a perdu de son excessive fantaisie. Destiné à être représenté et non plus seulement à être lu, il a bien fallu se conformer aux lois de l'attention, qui se fatigue et se rompt aux changements trop multipliés de la scène. Mais quand on compare deux auteurs entre eux, il serait injuste de faire du système imposé à chacun d'eux par leur époque une cause d'infériorité. On doit accepter les conditions telles qu'elles étaient données à l'un et à l'autre et voir comment dans ce champ circonscrit leur génie a su se mouvoir. En France, jusqu'à notre siècle, la tragédie était le seul cadre admis pour l'art dramatique; par conséquent l'œuvre de Corneille devait être préférée à celle de Guillem de Castro. Comment cette dernière aurait-elle pu être goûtée dans un pays où Voltaire traitait de barbare le maître des maîtres, Shakspeare lui-même? Il ne serait pas juste, non plus, de mettre la pièce de Guillem de Castro au-dessus de celle de Corneille, par cela seul qu'elle est un drame. Car, au point de vue de l'art, une tragédie bien faite vaudra toujours mieux qu'un drame mal conduit. L'équité veut donc que pour juger sainement les deux poètes on accepte également les conditions d'art, de temps, de lieu et de public où chacun d'eux était placé.

Guillem de Castro a composé, sous le titre de *la Jeunesse du Cid*, deux drames distincts mais étroitement liés, à la manière des trilogies antiques. Aussi ne faut-il pas s'étonner si, dans le premier drame, certains incidents semblent n'avoir aucun rapport avec l'action principale. Telles sont, par exemple, les scènes où Don Sanche, fils aîné du roi, montre à l'égard de ses frères et de sa sœur une haine farouche parce qu'un astrologue lui a prédit qu'il périrait assassiné de la main d'un parent. La guerre faite par Don Sanche à ses frères et sa mort seront le sujet du second drame. Serait-il équitable de reprocher à Guillem de Castro d'avoir habilement préparé, dès le premier drame, l'action du deuxième? Il convient de prendre l'œuvre complexe de l'auteur espagnol telle qu'il l'a conçue, et non pas au point de vue simple et unique auquel Corneille nous a façonnés dans le Cid. Ainsi, sur ce premier épisode, Guillem de Castro, non-seulement est justifié, mais encore il donne la preuve d'un art étendu et prévoyant.

Quant à l'épisode du lépreux, c'est une tout autre raison qui l'explique. En conduisant sa troupe contre les Maures, Rodrigue entend une voix s'élever du fond d'un ravin: c'est un lépreux tombé qui demande du secours. Pas un homme du cortège ne veut hasarder sa main au contact pestiféré du misérable. Rodrigue seul le fait, et seul aussi il partage ses aliments avec le lépreux. Bientôt celui-ci se transfigure; c'est saint Lazare qui prend son vol vers les cieux et prédit à Rodrigue ses hautes destinées. Telle est cette aventure qui ne se rattache en rien à l'action. En faut-il conclure qu'elle est entièrement inutile? Au siècle où nous sommes, le théâtre et le roman nous ont habitués à voir, dans les chevaliers, de vaillants gentilshommes pleins de piété, dévoués au service des dames et protecteurs des malheureux. En réalité, ces preux chevaliers étaient presque tous des brigands livrés aux passions brutales, sans frein religieux ni humain. Le poëte, lui, les purifie au creuset du génie; il les pétrit au gré de sa fantaisie, et ce qu'il peint en eux, c'est l'idéal qu'il a rêvé. Voilà ce qu'a fait Guillem de Castro. La magnanime Rodrigue, le sublime amoureux, le seul que nous connaissions, n'est pas celui de l'histoire, mais celui de Guillem de Castro. Le Cid de l'histoire a épousé Chimène uniquement à cause de ses grands biens. C'était un vigoureux gaillard, plus soigneux de ses intérêts que de ceux de la patrie, tantôt faisant la guerre aux Maures pour son propre compte, tantôt pour celui du roi. Il y a loin de ce lansquenet à l'incomparable Rodrigue créé par le cœur et le génie de Guillem de Castro. Ces paroles héroïques qui soulèvent notre enthousiasme, cette générosité, cette candeur touchante de l'amour en lutte avec le devoir qui nous ravissent d'admiration, appartiennent à Guillem de Castro. Le vrai Cid n'y a rien à prétendre. Il a servi de thème à l'imagination du poëte qui, dans le héros légendaire, a tracé le modèle du chevalier. Guillem de Castro, dès le début, a peint dans Rodrigue le respect filial, la tendresse de l'amant, le culte jaloux de l'honneur; il fallait un dernier trait pour que Rodrigue fût l'idéal du chevalier castillan, c'était de faire briller en lui l'éclat de la plus fervente piété. L'épisode du lépreux est précisément ce dernier coup de pinceau.

LE BERGER, parlant de Rodrigue.

Je n'ai vu de ma vie un homme être à la fois si dévot et si soldat.

RODRIGUE.

Le soldat ne peut-il donc être dévot?

LE BERGER.

Non, sans doute; en vois-tu un seul qui ne soit libertin et mal embouché?

RODRIGUE.

Il en est sans doute. Mais fais peu de cas du guerrier blasphémateur et débauché, car, ou il est poltron, ou c'est un fou : les meilleurs militaires sont ceux qui puisent dans la religion la force de manier leur épée.

LE BERGER.

Avec tout cela, il y a de quoi rire de voir ta dévotion dans ce voyage. Les armes dorées, les éperons dorés, le casque couvert de plumes, à cheval sur un beau coursier, et puis un grand rosaire à la main.

RODRIGUE.

Être chrétien n'empêche pas d'être chevalier. La main de Dieu, pour sauver tous les hommes, les conduit par mille sentiers différents qui tous les mènent au ciel. Ainsi, chacun, voyageur et pèlerin dans ce monde périssable, doit chercher la route qu'il doit suivre dans son état. Afin d'atteindre le bonheur mérité par une vie simple et pure, que le moine porte son capuchon, le prêtre son bonnet, et le grossier laboureur son manteau de bure : celui-là peut-être, en suivant les sillons de sa charrue, a trouvé la plus sûre voie; et le soldat, le chevalier, s'il a des intentions pures, avec des armes brillantes, avec des éperons dorés, avec un casque couvert de plumes, pourra parvenir comme les autres au but de son voyage s'il ne se trompe de chemin. Dans cette course, tantôt tristes, tantôt joyeux, les uns marchent en souffrant, les autres en combattant; mais tous peuvent arriver.

. . . .

LE LÉPREUX.

Tout est nécessaire, Rodrigue, et frapper les ennemis, et soulager les maux de ses frères. Les œuvres de charité sont les échelons du ciel; et dans un chevalier elles sont si convenables, si brillantes, qu'elles doivent former sa principale obligation. Par elles un chevalier montera de degrés en degrés avec sa lance et son épée, avec ses armes où l'or brillera avec l'acier, avec ses plumes légères; et, s'il sait employer ses avantages, il ne trouvera pas la porte du ciel fermée. » (*Traduction de* LA BEAUMELLE.)

Ainsi le Rodrigue de Guillem de Castro est un type exclusivement espagnol. Celui de Corneille est espagnol, il est vrai; mais en passant les Pyrénées il a subi l'influence française : ses mœurs en portent la nouvelle empreinte. Il est espagnol par le langage hyperbolique, par les actes et les sentiments toujours poussés à l'extrême, tandis que la juste mesure fait le fond de l'esprit français. Mais au contact de la cour de France il a perdu ce caractère si éminemment religieux qui fait du chevalier espagnol une sorte de moine armé. C'est même là une des différences capitales qui séparent profondément les deux pièces. Dans Guillem de Castro, Rodrigue n'entreprend rien sans demander ou recevoir la bénédiction. L'ombre du catholicisme plane sur le drame entier. Le Rodrigue de Corneille n'a pas cette ferveur ni cette constante préoccupation. On sent, on voit, on reconnaît que le caractère espagnol a perdu quelque chose de sa physionomie particulière. Rodrigue pourfend le comte Gomez, désarme don Sanche, massacre les Maures, sans demander une seule fois de l'eau bénite : il n'est plus entièrement Espagnol, il est devenu quelque peu Français. Enfin un dernier trait distingue le Cid de Corneille, c'est qu'il se plaît dans la quintessence de l'amour et dans le raffinement des sentiments tendres : on reconnaît l'influence des Précieuses et du fameux cénacle dont Corneille faisait partie.

Tels sont les deux Cid créés ou transformés par le poète. Tous les deux portent le cachet des mœurs du temps et du pays ainsi que le sceau du génie propre de Corneille et de Guillem de Castro. Au point de vue de l'art, le Cid français et le Cid espagnol se valent. Reste la supériorité d'invention qui appartient tout entière à l'auteur espagnol. Corneille n'a fait que modifier la création originale de Guillem de Castro.

Chimène a le même caractère dans les deux pièces. Seulement Corneille a supprimé quelques détails empruntés aux légendes et que Guillem de Castro avait dû conserver à cause de leur consécration populaire. Tel est cet endroit où Chimène porte, pour la deuxième fois, ses plaintes aux pieds du roi. « Je vois passer chaque jour, sans qu'on puisse l'empêcher, celui qui tua mon père, son épée à son côté, couvert de riches habits, sur son poing un épervier, monté sur son beau cheval. Sous prétexte de chasser, à la maison de campagne où je me suis retirée, il va, vient, regarde, écoute, indiscret autant qu'osé, et, pour me faire dépit, il tire à mon colombier; les flèches qu'il lance en l'air à mon cœur sont adressées; le sang de mes colombelles a rougi mon tablier. J'envoyai me plaindre à lui, ce tyran m'a menacée; ainsi de ma triste vie il lui faut l'autre moitié; et comme il tua mon père, ce cruel veut me tuer. Roi qui ne fait pas justice ne devrait jamais régner, ni jouer avec la reine, ni chevaucher destrier. Justice, seigneur, justice ! » Ce passage est pris littéralement à une romance espagnole. Il fait un peu disparate avec les sentiments que le poète a prêtés à Chimène. Chimène ne peut pas sans absurdité accuser Rodrigue d'avoir voulu la tuer, elle qui sait tout l'amour de Rodrigue pour elle, et qui ne demande pas mieux d'avoir à pardonner. Guillem de Castro essaye avec habileté de dissimuler cette dissonance imposée par la popularité de la légende. Corneille, qui n'avait pas à respecter de telles traditions en France, fait parler Chimène comme le comportaient la piété filiale, l'amour et la dignité d'une noble dame.

La tendresse paternelle est exprimée avec plus de force dans le don Diègue espagnol, tandis qu'une sorte de bonté paternelle unie à une familiarité patriarcale prête plus de charme au roi Fernand. Dans tous les autres personnages, Corneille est resté inférieur à Guillem de Castro. L'infante dona Urraque, si intéressante par son inclination pour Rodrigue qu'il lui était permis d'épouser, est devenue chez le poète français une ennuyeuse princesse combattant son amour par peur de déroger. Elle n'est point destinée, comme on l'a dit, à faire valoir par contraste l'amour mutuel de Chimène et de Rodrigue. Corneille en donnant à son infante les préjugés et l'étiquette des princesses royales de son siècle, a changé le caractère du personnage, et l'intérêt s'est trouvé détruit. Pour comble de malheur, le rôle a été développé et aussi la froideur des scènes où l'infante apparaît. Il était inutile à la marche de la pièce : les comédiens ont bien fait de le supprimer.

Don Martin Gonzalez, ambassadeur d'Aragon, qui par ses redomontades est le type du matamore, s'est changé, dans Corneille, en un chevalier doucereux, le pauvre don Sanche.

DON MARTIN à Rodrigue.

Allons, puisque tu veux mourir, je pourrai en te tuant obtenir deux choses agréables à la fois. Votre Altesse (au roi) n'a-t-elle pas, par une annonce publique, assuré la beauté de Chimène à celui qui lui portera la tête de Rodrigue ?

LE ROI.

Oui, je l'ai assurée.

DON MARTIN.

Eh bien ! c'est moi qui veux me donner cet avantage, parce que, par Dieu, il m'a paru que Chimène était très-bien. Par le ciel, sire, tu verras la tête de Rodrigue dans ses mains, et moi dans ses bras.

Au lieu de cette insolence et de cette brutale

convoitise qui sont dans la vérité du caractère et de l'époque, on a dans Corneille un gentilhomme à la Scudéry, c'est-à-dire, tout parfumé et beau diseur de galanteries.

Enfin, le rôle d'Arias Gonzalve, si beau et si pathétique dans le second drame de Guillem de Castro, et dont celui-ci donne une excellente esquisse dans le premier, n'a plus rien de marqué dans la tragédie française. Arias est devenu un personnage sans couleur, comme tous ceux qui servent aux remplissages.

Quant au dialogue, le plus bel éloge qu'on puisse faire de Guillem de Castro est de dire que presque tous les admirables passages du Cid français sont traduits de l'espagnol. Malheureusement le temps où vivait Guillem de Castro était celui où florissait Gongora. Aussi notre goût se trouve-t-il souvent blessé par de mauvais jeux de mots ou par des pointes plus misérables encore. On sait que Corneille fut infecté de cette maladie et qu'il n'en guérit jamais. Le plus curieux exemple de cette manie, dans la *Jeunesse du Cid*, se trouve dans la dernière scène. Gonzalez a promis à Chimène de lui apporter la tête de Rodrigue. On attend la nouvelle de l'issue du combat qui a eu lieu sur la frontière du royaume, lorsqu'un domestique annonce qu'il est arrivé un chevalier d'Aragon portant la tête de Rodrigue à Chimène. Désespoir de toute la cour, qui croit Rodrigue mort : celui-ci entre tout à coup.

LE ROI.

Quel est l'auteur de ces fausses nouvelles? Où est-il?

RODRIGUE.

Ces nouvelles étaient très-vraies, et je n'ai pas fait dire autre chose, sinon qu'il venait un chevalier d'Aragon pour offrir en hommage à Chimène la tête de Rodrigue, devant toi, en présence de ta cour. C'est moi qui suis ce chevalier. Je viens d'Aragon, et je ne viens pas sans ma tête. Pour celle de Gonzalez, je l'ai laissée là-bas sur la pointe de ma lance; celle-ci, je l'offre à Chimène. Elle n'a point dit dans ses proclamations qu'elle la voulût coupée; elle ne s'est point expliquée s'il la lui fallait vivante ou morte. Ainsi, puisque je la lui porte, elle doit être mon épouse. Si pourtant ta rigueur me refusait cette récompense de mon amour, voilà mon épée, tu peux la couper toi-même. »

Voilà de ces taches qui sont de l'époque, mais n'ôtent rien au génie du poète. Shakspeare, on ne l'ignore pas, abonde en traits de ce genre. Rien n'est plus fréquent, dans une scène admirable où l'émotion est au comble, que de se sentir glacé par une pointe imprévue. Et cependant le génie de Shakspeare, à nos yeux, n'y a rien perdu de sa grandeur. La critique moderne sait maintenant qu'on ne s'affranchit point de la loi du temps; que le poète subit en partie les conditions d'art et de goût de son siècle. Nous aussi, nous serons pour la postérité, en certains endroits, aussi ridicules que Guillem de Castro dans ses concetti. Mais si les taches sont de l'époque, le génie n'appartient qu'à l'homme. Il faut plaindre Guillem de Castro d'avoir vécu au temps du Gongorisme, il faut l'admirer pour ce qu'il a fait de grand et d'héroïque.

II

L'AGENCEMENT DES SCÈNES. — Le premier acte, dans Corneille, s'ouvre par une scène entre Chimène et Elvire, suivie d'une autre entre l'Infante et Léonor. C'est une exposition de la pièce assez habile, si l'on veut, mais qui a le tort d'être froide. Combien est plus intéressant le début de *la Jeunesse du Cid?* Au lieu d'un simple récit entre quatre femmes, on a une grande scène, pleine de mouvement, où chaque personnage, par ses paroles et ses actes, dessine le rôle qu'il remplira. On y voit Rodrigue armé chevalier par le roi en présence de la cour. Le tableau est imposant, et la couleur religieuse répandue sur la scène, comme elle le sera sur la pièce entière, donne au héros le caractère espagnol et au drame son originalité nationale. Après l'armement de Rodrigue, le roi tient conseil et nomme don Diègue Laynez gouverneur de son fils. Le comte Gomez d'Orgaz, surnommé le Comte Glorieux, blessé dans son orgueil, s'échauffe dans la dispute avec don Diègue et lui donne un soufflet sous les yeux mêmes du roi et de ses conseillers. On voit sur-le-champ combien l'incident est plus dramatique dans Guillem de Castro; combien il l'emporte au point de vue théâtral sur le tête-à-tête du comte et de Diègue Laynez dans Corneille! Non-seulement ce début du drame est supérieur à celui de la tragédie, mais c'est encore un des meilleurs qu'il y ait au théâtre.

JOURNÉE PREMIÈRE

SCÈNE PREMIÈRE.

DIÈGUE, à genoux.

C'est une insigne récompense de ma constante fidélité.

LE ROI.

Je fais ce que je dois faire.

DIÈGUE.

Ta Majesté le comble d'honneur.

LE ROI.

En faisant honneur à Rodrigue, j'honore mon propre sang. Lève-toi, Diègue Laynez. Je lui ai donné ma propre armure pour le faire chevalier.

DIÈGUE.

Il a fait la veille des armes, et bientôt il va paraître.

LE ROI.

Je l'attends.

DIÈGUE.

Tu le verras honoré au delà de toute expression,

puisque la reine, ma dame, et le prince, mon seigneur, lui servent de parrains.

LE ROI.

Ils s'acquittent ainsi de ce qu'ils doivent à mon affection.

(La reine entre avec le prince ; Rodrigue est entre eux. L'Infante et Chimène, le comte d'Orgaz, Arias Gonzalve et Péransules marchent après.)

L'INFANTE.

Que te semble de Rodrigue, Chimène?

CHIMÈNE.

Il est très-bien. (A part.) Et ses regards causent à mon âme une peine délicieuse.

LE ROI.

Comme les armes te vont bien ! Cette armure te sied à merveille.

RODRIGUE.

C'est tout naturel, elles viennent de toi, et Arias Gonzalve y a mis la main.

ARIAS.

Ton armure est divine, et ta valeur est castillane.

LA REINE.

Que pensez-vous de mon filleul ?

LE PRINCE.

N'est-il pas beau, fort et brillant ?

LE COMTE, à Péransules.

Les princes le comblent d'honneurs.

PÉRANZULES, au Comte.

C'est passer toutes les bornes.

RODRIGUE.

Laissez-moi baiser la terre qu'ont foulé les pieds de celui qui m'a octroyé tant de grâces.

LE ROI.

Tu en méritais de plus grandes. Qu'il est robuste et bien fait! Tu portes bien mon armure.

RODRIGUE.

Mon cœur aussi t'appartient.

LE ROI.

Approchons-nous de l'autel du saint patron de l'Espagne.

DIÈGUE.

Je n'ai plus d'autre gloire à demander à Dieu.

RODRIGUE, au roi.

Qui te sert et t'accompagne peut s'élever jusqu'au ciel.

(On tire un rideau. On voit l'autel de Saint-Jacques, sur lequel est un plat d'argent avec une épée et des éperons.)

LE ROI, prenant l'épée sur l'autel.

Rodrigue, voulez-vous être chevalier?

RODRIGUE.

Je le veux.

LE ROI.

Que Dieu vous fasse bon chevalier! Rodrigue, voulez-vous être chevalier?

RODRIGUE.

Je le veux.

LE ROI.

Que Dieu vous fasse bon chevalier! Rodrigue, voulez-vous être chevalier?

RODRIGUE.

Je le veux.

LE ROI.

Dieu vous fasse bon chevalier? Dans cinq batailles

rangées, cette épée a, dans ma main, terrassé mes ennemis; je te la ceins, et je pense qu'elle restera honorée.

RODRIGUE.

De tels bienfaits, seigneur, tireraient des héros du sein du néant. Aussi, pour que sa louange s'élève jusqu'aux cieux, cette noble épée que tu m'as ceinte dans ta confiance, je la détacherai, et elle restera suspendue de mon espérance. (Il ôte l'épée.) Par l'être que m'a donné mon roi, que le ciel conserve, je ne reprendrai ce fer que quand je serai certain que mon bras en sera digne, lorsque j'aurai, comme toi, terrassé tes ennemis en cinq batailles rangées.

LE COMTE, à part.

L'engagement est hasardeux.

LE ROI.

Je te fournirai bientôt l'occasion de les livrer. Vous, Infante, chaussez-lui les éperons.

RODRIGUE.

Quel bien suprême !

L'INFANTE, lui chaussant les éperons.

Je fais ce que tu m'ordonnes.

RODRIGUE.

Comblé de telles faveurs, je vois le monde à mes pieds.

L'INFANTE.

Je crois que ce service me donne des droits à ta reconnaissance. Rodrigue, souviens-toi de ce jour.

RODRIGUE.

Tu m'as élevé jusqu'au ciel...

CHIMÈNE, à part.

Les éperons qu'elle a chaussés m'ont blessée au cœur.

RODRIGUE, à l'infante.

Et j'espère que mes services égaleront ma reconnaissance.

LA REINE.

Te voilà donc chevalier, Rodrigue. Viens monter un coursier dont je veux te faire présent : les dames de mon palais et moi nous sortirons pour te voir.

LE PRINCE.

Accompagnons Rodrigue.

LE ROI.

Oui, prince, sortez avec lui.

PÉRANZULES, au comte.

Ces honneurs sont excessifs.

LE COMTE.

Quel sujet mérita jamais d'être ainsi fêté par son roi ?

LE PRINCE.

Et moi, mon père, quand me ceindrai-je l'épée ?

LE ROI.

Il n'est pas encore temps.

LE PRINCE.

Pourquoi donc ?

LE ROI.

Elle te semblerait pesante, ton âge est trop tendre.

LE PRINCE.

Ou nue, ou dans le fourreau, les ailes de mon courage la rendraient légère. Vraiment, seigneur, lorsque je vois briller son acier, je suis plein d'une telle ardeur, que, devînt-elle une montagne de plomb, elle me semblerait facile à manier. Et si Dieu me laisse assez vivre pour la ceindre, pour pouvoir avec confiance revêtir mon cou, mon sein, mes épaules, d'un collet et d'une cuirasse, le monde saura que j'ai des titres pour le conquérir; et, lorsque je l'aurai conquis, on me verra dans ma valeur en soutenir les deux pôles.

LE ROI.

Vous êtes jeune, Don Sanche; avec le temps, ces saillies s'apaiseront.

LE PRINCE.

Imaginez que je crois, au contraire, que ma valeur augmentera avec mes années.

RODRIGUE, au prince.

Votre seigneurie aura en moi un fidèle vassal.

LE COMTE, bas à Péranzules.

Quel caractère violent !

LE PRINCE.

Viens, tu monteras à cheval. (Il sort avec Rodrigue.)

PÉRANZULES, au comte.

Ce sera la témérité même.

LA REINE.

Allons les voir.

DIÈGUE.

Je te bénis, mon fils, heureux rejeton de ma famille.

LE ROI, à part.

Quels tristes pressentiments m'agitent !

CHIMÈNE, à part.

Rodrigue emporte avec lui mon cœur.

L'INFANTE, à part.

Rodrigue me paraît très-bien.

(Elles sortent.)

LE ROI.

Comte d'Orgaz, Péranzules, Diègue Laynez, Arias Gonzalve, vous qui rendez fameuse la sagesse de notre conseil, arrêtez, ne sortez pas; revenez, asseyez-vous, j'ai à vous parler. Gonzalve Bermudez, gouverneur du prince Don Sanche, est mort dans le moment où il était le plus nécessaire à son élève. Laissant trop tôt les lettres et l'étude, entraîné par son naturel au goût des armes, des chevaux, de tout l'appareil de la guerre, le prince, dont le caractère est si fier, si indomptable, que déjà le monde s'épouvante de ses témérités, a besoin qu'un sujet aussi loyal que sage contienne ses passions avec adresse et prudence. Sachez donc, mes cousins, mes amis plutôt que mes vassaux, que, voyant Arias Gonzalve employé comme premier majordome de la reine, Péranzules chargé du soin des infants Alphonse et Garcie, et le comte, si bien nommé Glorieux, occupé chaque jour à acquérir sur les champs de bataille de nouveaux titres à l'être, je veux que Diègue Laynez soit le gouverneur du prince; mais je désire cependant que ce choix ait l'approbation des quatre plus fermes appuis de ma couronne, des quatre colonnes de l'État.

ARIAS.

Qui pourrait aussi bien que Diègue Laynez s'acquitter d'une charge qui importe à ce point à l'État et au monde entier?

PÉRANZULES.

Diègue Laynez mérite d'obtenir de telles faveurs de ces mains royales.

LE COMTE.

Sans doute il le mérite, et surtout maintenant qu'il est arrivé près de toi à un tel degré de faveur, que ta voix vient, à ma honte, de préférer son mérite au mien. Puisque j'avais demandé à servir dans cette charge près du prince mon seigneur, tu dois deviner, bon roi, tout ce que je souffre et (si toutefois je puis le supporter) tout ce que je supporte, seulement parce que je suis en ta présence. Si le vieux Diègue Laynez succombe déjà, accablé sous le poids des ans, pourra-t-il montrer dans sa caducité la force et la sagesse nécessaires? Et quand il faudra enseigner au prince les exercices d'un habile chevalier dans les combats et dans les fêtes, pourra-t-il lui donner l'exemple, comme je le fais chaque jour, de rompre une lance en éclats, de mettre un cheval hors d'haleine? Si je...

LE ROI.

Il suffit.

DIÈGUE.

Jamais, comte, tu ne fus si glorieux. Je suis vieux, je le confesse; tel est le pouvoir du temps. Mais dans la caducité, dans le sommeil, dans le délire, je puis encore enseigner ce que d'autres ignorent. Et s'il est vrai que l'on meure comme on a vécu, à mon agonie je donnerai encore des exemples pour bien vivre et du courage pour les imiter. Si dans les jambes, dans les bras, il ne me reste plus de force pour rompre une lance en éclats, pour mettre un cheval hors d'haleine, je ferai lire au prince une copie de l'histoire de mes exploits; il apprendra dans ce que je fus, s'il ne peut apprendre dans ce que je suis; et le monde et le roi pourront voir que nul homme sur la terre n'a mérité...

LE ROI.

Diègue Laynez !

LE COMTE.

Moi, je l'ai mérité...

LE ROI.

Mes sujets !

LE COMTE.

..... Aussi bien que toi, et mieux.

LE ROI.

Comte !

DIÈGUE.

Tu te trompes, comte.

LE COMTE.

Je te dis...

LE ROI.

Je suis votre roi.

DIÈGUE.

Tu ne dis rien.

LE COMTE.

La main dira ce que la bouche avait tu. (Il lui donne un soufflet.)

FÉRANZULES.

Arrête !

DIÈGUE.

Infortuné vieillard !

LE ROI.

A moi, gardes !

DIÈGUE, à Arias.

Laissez-moi.

LE ROI.

Arrêtez-le.

LE COMTE, au roi.

Ne t'emporte pas; contiens-toi, et préviens les mouvements, grand roi; les troubles de ton palais ne s'étendront pas au royaume. Pardonne pour cette fois s'ils t'ont manqué de respect, à ce bras, à cette épée, qui si souvent, si longtemps ont soutenu ta couronne, ont dirigé tes soldats, ont défendu tes frontières et vengé tes offenses. Considère qu'il n'est pas bien qu'un roi prudent fasse arrêter un homme comme moi, le bras de sa force, la pensée de sa sagesse et la vie de son État. (Il se dispose à sortir.)

LE ROI.

Holà !

PÉRANZULES ET ARIAS.

Qu'ordonnez-vous, seigneur?

LE ROI.

Arrête, comte.

LE COMTE.

Pardonnez, sire. (Il sort.)

LE ROI.

Attends, malheureux. Suivez-le.

ARIAS.

Grand Fernand, montrez à présent votre prudence.

DIÈGUE.

Appelez-le, appelez le comte, qu'il vienne remplir l'emploi du gouverneur de votre fils : c'est lui qui pourra l'honorer. Lorsque je reste sans honneur, il enlève, fier et hautain, la gloire qu'il m'a dérobée, ajoutée à celle qu'il a. Pour moi, si, bronchant à chaque pas, accablé du poids d'un affront joint à celui de mes années, je puis encore le supporter, j'irai où je pleurerai mes peines jusqu'à ce que je venge mon outrage.

LE ROI.

Ecoute, Diègue Laynez.

DIÈGUE.

Un homme déshonoré ne peut supporter la présence de son roi.

LE ROI.

Ecoute-moi.

DIÈGUE.

Pardonnez, Fernand. Ah ! sang glorieux qui fut jadis l'honneur de la Castille ! (il sort.)

LE ROI.

J'en perds le sens.

ARIAS.

Il sort furieux.

LE ROI.

Il a raison. Que ferai-je ? Arrêterai-je le comte ?

ARIAS.

Non, seigneur, il est puissant, arrogant, riche et téméraire, et tu aventurerais ton autorité sur tes États et tes sujets. D'ailleurs, en telles circonstances, si tu punis le coupable, tu rends publique l'offense,

LE ROI.

Tu dis bien. Va, Péranzules, suis le comte ; et toi, va parler à Diègue Laynez. Dites-leur à tous deux, dites-leur de ma part, que, puisque ce malheur est arrivé dans mon cabinet et que le secret est sûr, aucun des deux n'ait l'audace d'en parler ; que, sous peine de ma disgrâce, je leur ordonne un silence éternel.

PÉRANZULES.

Une sage politique te dicte ce parti.

LE ROI.

Arias, dis à Diègue que je prends son honneur à mon compte, et qu'il revienne pour me parler ; toi, dis au comte que je le demande, et que je lui assure le palais, et nous verrons s'il est quelques moyens humains qui puissent porter remède à ce malheur.

PÉRANZULES.

Nous allons t'obéir.

LE ROI.

Revenez sur-le-champ.

ARIAS, à Péranzules.

Diègue Laynez est mon sang.

PÉRANZULES, à Arias.

Je suis le cousin du comte. (Ils sortent.)

LE ROI.

Je suis un roi mal obéi ; mais je punirai les rebelles.

(Il sort.)

Dans Corneille, Diègue, resté seul, prononce son fameux monologue :

O rage ! ô désespoir ! ô vieillesse ennemie !
N'ai-je donc tant vécu que pour cette infamie !
. . . .

Dans Guillem de Castro, la scène a été transportée dans la maison de Rodrigue. Celui-ci, en quittant la cour, est rentré au logis, et ses frères le débarrassent de son armure lorsque don Diègue entre, l'air sombre, et les yeux baissés vers la terre.

DIÈGUE.

Tu suspends à présent ton épée, Rodrigue?

FERNAND, frère de Rodrigue.

Mon père!

BERMUDE, autre frère de Rodrigue.

Seigneur!

RODRIGUE.

Qu'as-tu?

DIÈGUE.

Ce que j'ai! (A part.) Je n'ai plus d'honneur. (Haut.) Mes enfants...

RODRIGUE.

Parle, parle.

DIÈGUE.

Rien, rien : laissez-moi seul.

RODRIGUE.

Qu'est-il arrivé? Ce sont des peines d'honneur. Son bâton est brisé; ses yeux semblent verser des larmes de sang.....

DIÈGUE.

Sortez.

RODRIGUE.

Si tu me le permettais, je voudrais prendre une autre épée.

DIÈGUE.

Attendez hors de cette salle : sors comme tu es.

FERNAND ET BERMUDE.

Mon père !

DIÈGUE, à part.

Mon malheur s'aggrave encore.

RODRIGUE.

Mon père chéri !

DIÈGUE, à part.

L'outrage que j'ai reçu en est un pour chacun de vous. (Haut.) Laissez-moi seul.

BERMUDE.

Il souffre une peine cruelle.

FERNAND.

Mon cœur en est déchiré.

DIÈGUE, à part.

Ce noble toit tombera s'il couvre quatre affronts. (Haut.) Ne voulez-vous pas sortir ?

RODRIGUE.

Pardonne.

DIÈGUE, à part.

A quel point suis-je abaissé !

RODRIGUE, à part.

Que me fait-il soupçonner ? J'entends déjà dans mon cœur l'honneur m'appeler aux armes. (Il sort avec ses frères.)

(Journée Ire, scène IIe)

Don Diègue resté seul prend une épée suspendue au mur et fait l'essai de sa force corporelle. Mais sa main ne peut plus soutenir le poids de l'acier : « O misérable vieillesse ! Je suis prêt à enfoncer cet acier dans mon sein. Temps barbare, qu'as-tu fait ? Pardonne, vaillante épée, là tu demeureras nue, je ne te remettrai point dans le fourreau, non; puisque ma vie a fini où mon déshonneur commence, en t'exposant à l'infamie, tu diras que cette infamie est la mienne. » Il fait entrer ses deux plus jeunes fils, l'un après l'autre, et leur serre la main avec une vigueur qui leur arrache des cris et des pleurs. Diègue, indigné de leur faiblesse, les chasse. Enfin il appelle Rodrigue et renouvelle sur lui l'épreuve. « Mon père, lâchez donc ma main; lâchez ma main, à la male heure. Lâchez; si vous n'étiez mon père, je vous donnerais un soufflet. » Cette épreuve a été fournie à Guillem de Castro par les romances espagnoles. Elle est vraiment digne de cette époque où la force du corps était la première vertu. Corneille ne pouvait pas prêter un tel moyen au personnage francisé de don Diègue. Avec un goût parfait, il a mis dans la bouche du vieillard des paroles insultantes : « Rodrigue, as-tu du cœur? » Ce doute injurieux, mieux qu'une épreuve matérielle, devait exciter le courroux d'un chevalier du dix-septième siècle comme est le Rodrigue français. Le reste de la scène est traduit de Guillem de Castro. Il en est de même des stances de Rodrigue.

DIÈGUE.

Rodrigue, as-tu du cœur?

RODRIGUE.

Tout autre que mon père
L'éprouverait sur l'heure.

DIÈGUE.

Agréable colère!
Digne ressentiment à ma douleur bien doux!
Je reconnais mon sang à ce noble courroux,
Ma jeunesse revit en cette ardeur si prompte.

Viens, mon fils, viens, mon sang, viens réparer ma honte,
Viens me venger.

RODRIGUE.
De quoi ?

DIÈGUE.
D'un affront si cruel
Qu'à l'honneur de tous deux il porte un coup mortel,
D'un soufflet. L'insolent en eût perdu la vie,
Mais mon âge a trompé ma généreuse envie,
Et ce fer, que mon bras ne peut plus soutenir,
Je le remets au tien pour venger et punir.
Va contre un arrogant éprouver ton courage,
Ce n'est que dans le sang qu'on lave un tel outrage,
Meurs ou tue. Au surplus, pour ne te point flatter,
Je te donne à combattre un homme à redouter;
Je l'ai vu tout sanglant, au milieu des batailles,
Se faire un beau rempart de mille funérailles.

RODRIGUE.
Son nom ? C'est perdre temps en propos superflus.

DIÈGUE.
Donc, pour te dire encor quelque chose de plus,
Plus que brave soldat, plus que grand capitaine,
C'est.....

RODRIGUE.
De grâce, achevez.

DIÈGUE.
Le père de Chimène.

RODRIGUE.
Le.....

DIÈGUE.
Ne réplique point, je connais ton amour;
Mais qui peut vivre infâme est indigne du jour;
Plus l'offenseur est cher, et plus grande est l'offense.
Enfin tu sais l'affront, et tu tiens la vengeance.

Je ne te dis plus rien, venge-moi, venge-toi,
Montre-toi digne fils d'un père tel que moi;
Accablé des malheurs où le destin me range,
Je vais les déplorer. Va, cours, vole et nous venge.

RODRIGUE, seul.

Percé jusques au fond du cœur
D'une atteinte imprévue aussi bien que mortelle,
Misérable vengeur d'une juste querelle,
Et malheureux objet d'une injuste rigueur;
Je demeure immobile, et mon âme abattue
    Cède au coup qui me tue.
  Si près de voir mon feu récompensé,
    O Dieu! l'étrange peine!
En cet affront mon père est l'offensé
Et l'offenseur le père de Chimène.

    Que je sens de rudes combats!
Contre mon propre honneur mon amour s'intéresse:
Il faut venger un père et perdre une maîtresse;
L'un m'anime le cœur, l'autre retient mon bras.
Réduit au triste choix, ou de trahir ma flamme
    Ou de vivre en infâme,
Des deux côtés mon mal est infini.
    O Dieu! l'étrange peine!
Faut-il laisser un affront impuni?
Faut-il punir le père de Chimène?

. . . .

    Oui, mon esprit s'était déçu;
Je dois tout à mon père avant qu'à ma maîtresse;
Que je meure au combat, ou meure de tristesse,
Je rendrai mon sang pur comme je l'ai reçu,
Je m'accuse déjà de trop de négligence;
    Courons à la vengeance,
  Et, tout honteux d'avoir tant balancé,
    Ne soyons plus en peine

Puisqu'aujourd'hui mon père est l'offensé,
Si l'offenseur est père de Chimène.
(Acte Iᵉʳ, scènes V, VI.)

Le Diègue de Guillem de Castro ignore l'amour de son fils pour Chimène, aussi lui nomme-t-il sans précautions oratoires l'auteur de l'affront.

DIÉGUE.

Fils de mon âme, j'adore ce beau courroux. Cette colère me plaît; je bénis cette fureur. Le sang prompt à s'enflammer qui bouillonne dans tes veines et qui brille dans tes regards, est celui que m'a transmis la maison de Castille. C'est le sang que tu tiens par moi de Layn Calvo et de Nunez, le sang que vient d'insulter, en me frappant la figure, le comte d'Orgaz, ce comte qu'on nomme le Glorieux. Viens dans mes bras, mon Rodrigue, anime mon espérance, et va laver dans le sang la tache de mon honneur; lui seul peut l'effacer. Si j'appelai tes deux frères avant de te commander de courir à la vengeance, c'est que je t'aime le mieux; et j'aurais voulu que les autres pussent venger mon affront, pour qu'en toi reposât l'espérance de ma race. Mais je les ai vus, à l'épreuve, si dépourvus d'énergie, que leur indigne conduite augmente encore mes affronts et redouble ma douleur. Toi seul dois rendre, Rodrigue, l'honneur à ces cheveux blancs. Ton adversaire est puissant; au palais, dans les batailles, son conseil est le premier et sa lance la meilleure. Mais j'ai connu ton courage, et ton cœur voit à la fois, là l'épée, et là l'offense. Je ne puis t'en dire plus, déjà la force me manque ; je vais pleurer mon outrage, et toi tu vas le venger. (Il sort.)

RODRIGUE, seul.

Interdit par la peine, ô fortune, ce que je vois peut-il être vrai ? Ce changement, qui te convient si bien, puisqu'il détruit mon bonheur, j'ai peine encore à le croire ! Ta barbarie a-t-elle pu permettre, ô douleur, que mon père fût l'offensé, et l'offenseur le père de Chimène.

Que deviendrai-je ? sort cruel ! c'est lui qui m'a donné la vie. Que ferai-je ? doute affreux ! C'est elle pour qui je vis. Moi qui voulais, heureux de ton affection, unir mon sang avec le tien, je dois verser ce sang qui t'a donné l'être. Je dois, peine déchirante ! je dois tuer le père de Chimène.

Mais ce doute seul offense l'honneur sacré qui fait ma renommée. Je dois secouer le joug de l'amour, et, la tête haute, libre de chaînes, remplir tous mes devoirs. Puisque mon père a été l'offensé, peu m'importe, amère souffrance ! que l'offenseur soit père de Chimène. (Journée Iʳᵉ, scène IIᵉ.)

Ici se termine le premier acte de la tragédie française. Le deuxième ouvre par une scène où le comte, malgré les instances d'Arias, refuse de faire des excuses à Diègue Laynez. Arias s'éloigne ; survient Rodrigue.

RODRIGUE.

A moi, comte, deux mots.

LE COMTE.

Parle.

RODRIGUE.

Ote-moi d'un doute.
Connais-tu bien Diègue ?

LE COMTE.

Oui.

RODRIGUE.

Parlons bas, écoute.
Sais-tu que ce vieillard fut la même vertu,
La vaillance et l'honneur de son temps? Le sais-tu ?

LE COMTE.

Peut-être.

RODRIGUE.

Cette ardeur que dans les yeux je porte,
Sais-tu que c'est son sang ? Le sais-tu ?

LE COMTE.

Que m'importe ?

RODRIGUE.
A quatre pas d'ici je te le fais savoir.

LE COMTE.
Jeune présomptueux !

RODRIGUE.

Parle sans t'émouvoir,
Je suis jeune, il est vrai ; mais aux âmes bien nées
La valeur n'attend pas le nombre des années.

LE COMTE.
Te mesurer à moi? Qui t'a rendu si vain?
Toi, qu'on n'a jamais vu les armes à la main ?

RODRIGUE,
Mes pareils à deux fois ne se font pas connaître,
Et pour leur coup d'essai veulent des coups de maître.

LE COMTE.
Sais-tu bien qui je suis?

RODRIGUE.

Oui, tout autre que moi
Au seul bruit de ton nom pourrait trembler d'effroi.

Les palmes dont je vois ta tête si couverte
Semblent porter écrit le destin de ma perte.
J'attaque en téméraire un bras toujours vainqueur;
Mais j'aurai trop de force ayant assez de cœur.
A qui venge son père il n'est rien d'impossible;
Ton bras est invaincu, mais non pas invincible.

LE COMTE.

....

Ne cherche point à faire un coup d'essai fatal,
Dispense ma valeur d'un combat inégal,
Trop peu d'honneur pour moi suivrait cette victoire :
A vaincre sans péril on triomphe sans gloire,
On te croirait toujours abattu sans effort,
Et j'aurais seulement le regret de ta mort.

RODRIGUE.

D'une indigne pitié ton audace est suivie :
Qui m'ose ôter l'honneur craint de m'ôter la vie !

LE COMTE.

Retire-toi d'ici.

RODRIGUE.

  Marchons sans discourir.

LE COMTE.

Es-tu si las de vivre ?

RODRIGUE.

  As-tu peur de mourir ?

LE COMTE.

Viens, tu fais ton devoir, et le fils dégénère
Qui survit un moment à l'honneur de son père.

     (Acte II, scène 2e.)

Puis viennent cinq autres scènes, soit entre Chimène et sa suivante, l'infante et Léonor, soit entre le roi et ses conseillers. On ne sait point encore quelle est l'issue du combat.

Dans Guillem de Castro, la première journée ne finit qu'à la mort du comte. Après les stances de Rodrigue, le théâtre représente la place devant la façade du palais. L'infante et Chimène, debout au balcon, contemplent la ville en fête et s'entretiennent de Rodrigue. Elles voient arriver sur la place le comte d'Orgaz et Péranzules, son parent, qui essaye en vain d'amener le comte à donner satisfaction. Pendant qu'ils s'éloignent, entre Rodrigue, triste et agité. Chimène et l'infante l'interrogent sur le sujet de sa peine. Rodrigue répond avec embarras; cet embarras augmente lorsque le comte et Péranzules reviennent sur la place. Quelle situation ! Sous les yeux de Chimène Rodrigue ira-t-il provoquer le comte ? Tandis qu'il hésite entre l'amour et le devoir, don Diègue apparaît au fond comme la statue du reproche et de l'indignation. C'en est fait, Rodrigue ne songe plus qu'au déshonneur de sa famille :

RODRIGUE.

A moi, comte !

LE COMTE.

Qu'est-ce ?

RODRIGUE.

A deux pas d'ici je te dirai qui je suis ?

CHIMÈNE.

Qu'entends-je ? Je me meurs.

LE COMTE.

Que me veux-tu ?

RODRIGUE.

Te parler. Ce vieillard qui nous regarde, le connais-tu ?

LE COMTE.

Je le connais. Pourquoi le demandes-tu?

RODRIGUE.

Pourquoi? Parlons bas, écoute.

LE COMTE.

Dis.

RODRIGUE.

Sais-tu qu'il fut l'honneur et le courage même?

LE COMTE.

Il le fut.

RODRIGUE.

Et que le sang qui brille dans mes yeux, que mon sang est le sien? Le sais-tu?

LE COMTE.

Eh! tranchons de vains discours; que m'importe de le savoir?

RODRIGUE.

Si nous nous éloignons d'ici, tu sauras combien il t'importe.

LE COMTE.

Tais-toi donc, enfant; est-il possible? Va, va, chevalier de recrue; va et apprends d'abord à combattre, à vaincre; et tu pourras ensuite obtenir l'honneur d'être vaincu par moi, sans que j'aie à rougir d'avoir tué un être aussi faible. Oublie pour le moment ton outrage; car celui qui a encore le lait sur les lèvres, n'est pas heureux à se venger avec du sang.

RODRIGUE.

Oui, je dois apprendre à combattre; mais je veux commencer par toi. Tu verras si je sais vaincre, tu verras si je sais tuer. Mon épée encore novice, conduite par un bras puissant, t'enseignera qu'un cœur généreux est le meilleur maître de cet art ; et je serai satisfait en mêlant, pour venger mon injure, au lait que j'ai sur les lèvres le sang qui coulera de tes veines.

PÉRANZULES.

Comte !

ARIAS.

Rodrigue !

CHIMÈNE.

Je meurs de douleur.

DIÈGUE.

Mon cœur brûle de colère.

RODRIGUE.

Le voisinage de ce palais est un asile sacré pour toi....

CHIMÈNE.

Quoi, seigneur ! contre mon père ?

RODRIGUE.

.... Aussi, je ne te punis pas tout à l'heure.

CHIMÈNE.

Écoute, Rodrigue.

RODRIGUE.

Pardonnez, Madame ; je suis le fils de mon honneur. Suis-moi, comte.

LE COMTE.

Faible enfant, avec ta présomption de géant, je t'avertis que je t'écraserai si je te trouve sur mes pas. Crois-moi, va-t-en en paix ; va-t-en, si tu ne veux que, comme en certaine occasion je donnai un soufflet à ton père, je te donne à toi cent coups de pied.

RODRIGUE.

C'est aussi trop d'insolence. (Il met l'épée à la main.)

CHIMÈNE.

Quelle douleur !

DIÈGUE.

Mon fils, les longs discours émoussent le tranchant de l'épée. (Rodrigue et le comte se battant.)

CHIMÈNE.

Arrête, arrête, Rodrigue !

L'INFANTE.

Cruel événement !

DIÈGUE.

Mon fils, mon fils, que ma voix te porte mon affront. (Ils sortent en se battant.)

LE COMTE, derrière la scène.

Je suis mort !

CHIMÈNE.

Mon père ! malheureux !

PÉRANZULES, derrière la scène.

Tuez-le, tuez-le ! qu'il meure !

L'INFANTE.

Que fais-tu, Chimène?

CHIMÈNE.

Je vole au secours de mon père.... Mon père !

(Elle sort.)

DIÈGUE.

Mon fils ! (Il sort.)

L'INFANTE.

O ciel ! (Rodrigue entre poursuivi par la suite du Comte.)

RODRIGUE.

Si je meurs, ce sera en vendant cher ma vie.

L'INFANTE.

Que vois-je?

UN HOMME de la suite du comte.

Qu'il meure, il a tué le comte.

UN AUTRE.

Arrêtez-le.

L'INFANTE.

Arrêtez! que faites-vous? Ne tentez ni de le frapper, ni de le prendre; songez que je vous le défends: j'estime beaucoup Rodrigue, et il a dû obéir à l'honneur.

RODRIGUE.

Je baise tes belles mains. Suivez-moi, si vous l'osez.

(Il sort en faisant front.)

UN SERVITEUR DU COMTE.

Va-t-en tout seul aux enfers.

UN AUTRE.

Que le diable te suive!

L'INFANTE.

O le vaillant Castillan! (Journée Ire, scène dernière.)

Quelle admirable scène! Chimène, l'infante, don Diègue, ils sont tous là, avec des passions contradictoires, qui ont leur écho dans l'âme de Rodrigue. Combien ce vaste tableau, où chaque personnage agit et contemple à la fois, est supérieur comme art dramatique à la provocation entre deux murs du *Cid* français et aux confidences féminines dans un gynécée! Guillem de Castro ne pouvait mieux clore la première partie de son drame. Malgré quelques mauvais jeux de mots, qu'on peut biffer d'un trait de plume et qui n'enlèvent rien au mérite de la conception dramatique, la première journée du *Cid* est vraiment un chef-d'œuvre.

Au commencement de la deuxième journée, le roi et sa cour, dans une salle du palais, apprennent la mort du comte. Rien de plus vif que l'entrée en scène : pas une parole inutile, on est sur-le-champ au cœur même de l'action.

DEUXIÈME JOURNÉE

SCÈNE PREMIÈRE.

LE ROI.

Quels bruit ! quels cris, quels gémissements, qui, s'élevant jusqu'aux nues, troublent le repos de mon palais et le respect qu'on me doit. (Arias entre.) Arias Gonzalve, qu'est-ce ceci ?

ARIAS

Un grand malheur est arrivé, et la ville se perd si ta sagesse n'y porte remède.

LE ROI, à Péranzules qui entre.

Qu'est-il arrivé ?

PÉRANZULES.

Un malheureux...

LE ROI.

Péranzules !

PÉRANZULES.

..... Un enfant a tué le comte d'Orgaz.

LE ROI.

Dieu me soit en aide ! c'est Rodrigue !

PÉRANZULES.

C'est lui, et la confiance qu'il a dans ta faveur put seule animer son audace.

LE ROI.

Je savais l'affront, et j'ai sur-le-champ prévu la vengeance. Mais je dois faire un exemple. Est-il arrêté ?

PÉRANZULES.

Non, seigneur.

ARIAS.

Rodrigue a de la valeur. Il ne s'est point laissé prendre; il s'est retiré l'épée à la main, et, dans sa marche mesurée, il ressemblait à Roland le Français ou au Troyen Hector.

(Chimène entre par une porte avec un mouchoir ensanglanté; Diègue entre par une autre avec la joue teinte de sang.)

CHIMÈNE.

Justice, justice ! je demande justice.

DIÈGUE.

Ma vengeance a été juste.

CHIMÈNE.

Roi, je suis venue me prosterner devant toi.

DIÈGUE.

Roi, j'ai accouru pour me jeter à tes pieds.

LE ROI.

Que j'ai de raisons pour m'affliger ! quel malheureux événement !

CHIMÈNE.

Sire, on a tué mon père.

DIÈGUE.

Sire, mon fils l'a tué pour suivre son devoir, sans haine ni méchanceté.

CHIMÈNE.

Ce fut un crime.

DIÈGUE.

Il y a vengeance chez les hommes.

CHIMÈNE.

Il y a justice chez les rois. Vois, seigneur, ce sang illustre...

DIÈGUE.

Si ce sang n'avait été versé, le mien eût été déshonoré.

CHIMÈNE.

Seigneur, j'ai perdu mon père.

DIÈGUE.

Seigneur, j'ai retrouvé mon honneur.

CHIMÈNE.

Ce fut le plus loyal de vos vassaux.

DIÈGUE.

Le ciel sait quel fut le meilleur ; mais je ne veux point vous affliger davantage, vous êtes femme, parlez.

CHIMÈNE.

Ce sang seul pourra vous dire ce que je ne puis exprimer ; c'est par lui que je vous demanderai justice. Je ne puis qu'y mêler mes larmes. Je vis de mes propres yeux l'acier étincelant rougi de ce noble sang. J'arrivai presque sans vie près de mon père expiré ; il me parla par sa blessure. La mort cruelle avait arrêté ses paroles ; mais son sang a écrit ici mon devoir. (Elle se met à genoux.) Je veux offrir à tes yeux ces ordres qui vivent dans mon âme, et qui font couler des miens des larmes qui doivent frapper comme l'acier ; et, dût l'État perdre ses plus précieux appuis, il me faut une tête pour chacune des gouttes de ce sang.

LE ROI.

Levez-vous.

DIÈGUE.

Je vis, seigneur, que l'épée de mon Rodrigue allait chercher mon honneur dans le sein de mon adversaire.... J'approchai ; il était sans vie ; et, le cœur plein de mon affront, je portai la main à sa blessure. Je lavai avec le sang le lieu où était la tache de mon honneur, parce que le sang seul lave de telles taches. Toi, seigneur, témoin de mon outrage, vois comment on punit un soufflet. Je n'eusse pas été content, si tu ne voyais la vengeance au lieu même où tu vis l'affront. Si cette action est criminelle, à toi appartient la justice, comme la vengeance m'appartient. Sois juste. Punis-moi, grand roi, car il est de ton devoir de châtier sur la tête les délits que commet le bras. Rodrigue ne fut que mon bras ; c'est moi qui suis le meurtrier ; qui me suis servi de sa main, n'en ayant plus pour me venger. Que ma tête abattue satisfasse Chimène ; mon sang, lavé de son injure, coulera du moins dans toute sa pureté.

22.

LE ROI, à Diègue.

Lève-toi. (A Chimène.) Calme-toi, Chimène.

CHIMÈNE.

Ma douleur s'accroît encore.

(Don Sanche, fils du roi, intervient en faveur de Diègue qu'on remet à sa garde.)

Corneille n'a fait que traduire en vers français le poète espagnol, en donnant plus d'extension aux discours, comme il convenait à la tragédie.

ALONZE.

..... Sire, le comte est mort;
Don Diègue par son fils a vengé son offense.

FERNAND.

Dès que j'ai su l'affront, j'ai prévu la vengeance,
Et j'ai voulu dès-lors prévenir ce malheur.

ALONZE.

Chimène à vos genoux apporte sa douleur;
Elle vient tout en pleurs vous demander justice.

FERNAND.

Bien qu'à ses déplaisirs mon âme compatisse,
Ce que le comte a fait semble avoir mérité
Ce digne châtiment de sa témérité.

....

CHIMÈNE.

Sire, Sire, justice.

DIÈGUE.

Ah! Sire, écoutez-nous.

CHIMÈNE.

Je me jette à vos pieds.

DIÈGUE.

J'embrasse vos genoux.

CHIMÈNE.

Je demande justice.

DIÈGUE.

Entendez ma défense.

CHIMÈNE.
D'un jeune audacieux punissez l'insolence ;
Il a de votre sceptre abattu le soutien,
Il a tué mon père.
DIÈGUE.
Il a vengé le sien.
CHIMÈNE.
Au sang de ses sujets un roi doit la justice.
DIÈGUE.
Pour la juste vengeance il n'est point de supplice.
FERNAND.
Levez-vous l'un et l'autre, et parlez à loisir.
Chimène, je prends part à votre déplaisir,
D'une égale douleur je sens mon âme atteinte.
Vous parlerez après, ne troublez pas sa plainte.
CHIMÈNE.
Sire, mon père est mort ; mes yeux ont vu son sang
Couler à gros bouillons de son généreux flanc ;
Ce sang qui tant de fois garantit vos murailles,
Ce sang qui tant de fois vous gagna des batailles,
Ce sang qui tout sorti fume encor de courroux
De se voir répandu pour d'autres que pour vous,
Qu'au milieu des hasards n'osoit verser la guerre,
Rodrigue en votre cour vient d'en couvrir la terre.
J'ai couru sur le lieu sans force et sans couleur,
Je l'ai trouvé sans vie. Excusez ma douleur,
Sire, la voix me manque à ce récit funeste ;
Mes pleurs et mes soupirs vous diront mieux le reste.
FERNAND.
Prends courage, ma fille, et sache qu'aujourd'hui
Ton roi te veut servir de père au lieu de lui.
CHIMÈNE.
Sire, de trop d'honneur ma misère est suivie.
Je vous l'ai déjà dit ; je l'ai trouvé sans vie ;

Son flanc était ouvert, et pour mieux m'émouvoir
Son sang sur la poussière écrivait mon devoir ;
Ou plutôt sa valeur en cet état réduite
Me parlait par sa plaie, et hâtait ma poursuite ;
Et, pour se faire entendre au plus juste des rois
Par cette triste bouche elle empruntait ma voix.
....
Immolez, non à moi, mais à votre couronne,
Mais à votre grandeur, mais à votre personne,
Immolez, dis-je, Sire, au bien de tout l'État
Tout ce qu'enorgueillit un si grand attentat.

FERNAND.

Don Diègue, répondez.

DIÈGUE.

Qu'on est digne d'envie
Lorsqu'en perdant la force on perd aussi la vie ;
Et qu'un long âge apprête aux hommes généreux,
Au bout de leur carrière, un destin malheureux !
Moi, dont les longs travaux ont acquis tant de gloire,
Moi, que jadis partout a suivi la victoire,
Je me vois aujourd'hui, pour avoir trop vécu,
Recevoir un affront, et demeurer vaincu.
....
Sire, ainsi ces cheveux blanchis sous le harnois
Ce sang pour vous servir prodigué tant de fois,
Ce bras jadis l'effroi d'une armée ennemie,
Descendaient au tombeau tout chargés d'infamie,
Si je n'eusse produit un fils digne de moi,
Digne de son pays, et digne de son roi.
Il m'a prêté sa main, il a tué le comte,
Il m'a rendu l'honneur, il a lavé ma honte.
Si montrer du courage et du ressentiment,
Si venger un soufflet mérite un châtiment,
Sur moi seul doit tomber l'éclat de la tempête ;
Quand le bras a failli, l'on en punit la tête.

Qu'on nomme crime ou non ce qui fait nos débats,
Sire, j'en suis la tête, il n'en est que le bras.
. . . .
Aux dépens de mon sang satisfaites Chimène,
Je n'y résiste point, je consens à ma peine;
Et, loin de murmurer d'un rigoureux décret,
Mourant sans déshonneur, je mourrai sans regret.
FERNAND.
L'affaire est d'importance, et, bien considérée,
Mérite en plein conseil d'être délibérée.
Don Sanche, remettez Chimène en sa maison;
Don Diègue aura ma cour et sa foi pour prison.
Qu'on me cherche son fils. Je vous ferai justice.
CHIMÈNE.
Il est juste, grand roi, qu'un meurtrier périsse.
FERNAND.
Prends du repos, ma fille, et calme tes douleurs.
CHIMÈNE.
M'ordonner du repos, c'est croître mes malheurs.
(Acte II, scènes VIII et IX.)

La scène suivante, où Rodrigue attend dans la maison de Chimène le retour de son amante, est aussi traduite de l'espagnol. La seule différence est que Corneille a intercalé une fade déclaration de Don Sanche à Chimène, à qui cette galanterie ne plaît pas plus qu'au public.

ELVIRE.
Rodrigue, qu'as-tu fait? Où viens-tu misérable?
RODRIGUE.
Suivre le triste cours de mon sort déplorable.
ELVIRE.
Où prends-tu cette audace et ce nouvel orgueil
De paraître en des lieux que tu remplis de deuil!

Quoi ! viens-tu jusqu'ici braver l'ombre du comte ?
Ne l'as-tu pas tué ?
RODRIGUE.
Sa vie était ma honte :
Mon honneur de ma main a voulu cet effort.
ELVIRE.
Mais chercher ton asile en la maison du mort !
Jamais un meurtrier en fit-il son refuge ?
RODRIGUE.
Et je n'y viens aussi que m'offrir à mon juge.
Ne me regarde plus d'un visage étonné,
Je cherche le trépas après l'avoir donné.
Mon juge est mon amour, mon juge est ma Chimène,
Je mérite la mort de mériter sa haine,
Et j'en viens recevoir, comme un bien souverain,
Et l'arrêt de sa bouche et le coup de sa main.
ELVIRE.
Fuis plutôt de ses yeux, fuis de sa violence,
A ses premiers transports dérobe ta présence ;
Va, ne t'expose point aux premiers mouvements
Que poussera l'ardeur de ses ressentiments.
RODRIGUE.
Non, non, ce cher objet à qui j'ai pu déplaire,
Ne peut pour mon supplice avoir trop de colère ;
Et d'un heur sans pareil je me verrai combler,
Si pour mourir plutôt je puis la redoubler.
ELVIRE.
Chimène est au palais de pleurs toute baignée,
Et n'en reviendra point que bien accompagnée.
Rodrigue, fuis, de grâce, ôte-moi de ce souci ;
Que ne dira-t-on point si l'on te voit ici ?
Veux-tu qu'un médisant, pour comble à sa misère,
L'accuse d'y souffrir l'assassin de son père ?
Elle va revenir...... elle vient, je la vois ;
Du moins pour son honneur, Rodrigue, cache-toi.

(Scène entre Chimène et don Sanche).

....

CHIMÈNE.

Enfin je me vois libre, et je puis sans contrainte
De mes vives douleurs te faire voir l'atteinte,
Je puis donner passage à mes tristes soupirs,
Je puis t'ouvrir mon âme, et tous mes déplaisirs.
Mon père est mort, Elvire, et la première épée
Dont s'est armé Rodrigue a sa trame coupée.
Pleurez, pleurez mes yeux, et fondez-vous en eau,
La moitié de ma vie a mis l'autre au tombeau,
Et m'oblige à venger, après ce coup funeste,
Celle que je n'ai plus sur celle qui me reste.

ELVIRE.

Reposez-vous, Madame.

CHIMÈNE.

Ah! que mal à propos
Dans un malheur si grand tu parles de repos?
Par où sera jamais ma douleur apaisée,
Si je ne puis haïr la main qui l'a causée!
Et que puis-je espérer qu'un tourment éternel,
Si je poursuis un crime, aimant le criminel?

ELVIRE.

Il vous prive d'un père, et vous l'aimez encore?

CHIMÈNE.

C'est peu dire de l'aimer, Elvire, je l'adore.

....

Rodrigue m'est bien cher, son intérêt m'afflige,
Mon cœur prend son parti, mais malgré son effort
Je sais ce que je suis, et que mon père est mort.

ELVIRE.

Pensez-vous le poursuivre?

CHIMÈNE.

Ah! cruelle pensée
Et cruelle poursuite où je me vois forcée!

Je demande sa tête et crains de l'obtenir;
Ma mort suivra la sienne et je le veux punir.
....

ELVIRE.

Mais vous aimez Rodrigue, il ne vous peut déplaire.

CHIMÈNE.

Je l'avoue.

ELVIRE.

Après tout, que pensez-vous donc faire?

CHIMÈNE.

Pour conserver ma gloire et finir mon ennui,
Le poursuivre, le perdre, et mourir après lui.

RODRIGUE, apparaissant.

Hé bien, sans vous donner la peine de poursuivre,
Assurez-vous l'honneur de m'empêcher de vivre.

CHIMÈNE.

Elvire, où sommes-nous? et qu'est-ce que je voi?
Rodrigue en ma maison, Rodrigue devant moi?

RODRIGUE.

N'épargnez point mon sang, goûtez sans résistance
La douceur de ma perte et de votre vengeance.

CHIMÈNE.

Hélas!

RODRIGUE.

Écoute-moi.

CHIMÈNE.

Je me meurs.

RODRIGUE.

Un moment.

CHIMÈNE.

Va, laisse-moi mourir.

RODRIGUE.

Quatre mots seulement,
Après, ne me réponds qu'avecque cette épée.

CHIMÈNE.
Quoi ! du sang de mon père encor toute trempée !
RODRIGUE.
Ma Chimène !
CHIMÈNE.
Ote-moi cet objet odieux,
Qui reproche ton crime et ta vie à mes yeux.
RODRIGUE.
Regarde-le plutôt pour exciter ta haine,
Pour croître ta colère, et pour hâter ma peine.
CHIMÈNE.
Il est teint de mon sang.
RODRIGUE.
Plonge-le dans le mien,
Et fais-lui perdre ainsi la teinture du tien.
CHIMÈNE.
Ah ! quelle cruauté, qui tout en un jour tue
Le père par le fer, la fille par la vue !
Ote-moi cet objet, je ne le puis souffrir ;
Tu veux que je t'écoute et tu me fais mourir.
RODRIGUE.
Je fais ce que tu veux, mais sans quitter l'envie
De finir par tes mains ma déplorable vie ;
Car enfin n'attends pas de mon affection
Un lâche repentir d'une bonne action.
L'irréparable effet d'une chaleur trop prompte
Déshonorait mon père et me couvrait de honte ;
Tu sais comme un soufflet touche un homme de cœur ;
J'avais part à l'affront, j'en ai cherché l'auteur,
Je l'ai vu, j'ai vengé mon honneur et mon père,
Je le ferais encor, si j'avais à le faire.
Ce n'est pas qu'en effet contre mon père et moi
Ma flamme assez longtemps n'ait combattu pour toi ;
Juge de son pouvoir. Dans une telle offense
J'ai pu douter encor si j'en prendrais vengeance.

Réduit à te déplaire, ou souffrir un affront,
J'ai retenu ma main, j'ai cru mon bras trop prompt;
Je me suis accusé de trop de violence :
Et ta beauté sans doute emportait la balance,
A moins que d'opposer à tes plus forts appas
Qu'un homme sans honneur ne te méritait pas;
Que malgré cette part que j'avais en ton âme,
Qui m'aima généreux, me haïrait infâme;
Qu'écouter ton amour, obéir à sa voix,
C'était m'en rendre indigne, et diffamer ton choix.
Je te le dis encore, et veux, tant que j'expire,
Sans cesse le penser, et sans cesse le dire;
Je t'ai fait une offense, et j'ai dû m'y porter,
Pour effacer ma honte et pour te mériter :
Mais quitte envers l'honneur, et quitte envers mon père,
C'est maintenant à toi que je viens satisfaire;
C'est pour t'offrir mon sang qu'en ce lieu tu me vois :
J'ai fait ce que j'ai dû, je fais ce que je dois,
Je sais qu'un père mort t'arme contre mon crime,
Je ne t'ai pas voulu dérober ta victime :
Immole avec courage au sang qu'il a perdu
Celui qui met sa gloire à l'avoir répandu.

CHIMÈNE.

Ah ! Rodrigue, il est vrai, quoique ton ennemie,
Je ne puis te blâmer d'avoir fui l'infamie;
Et de quelque façon qu'éclatent mes douleurs,
Je ne t'accuse point, je pleure mes malheurs.
Je sais ce que l'honneur après un tel outrage
Demandait à l'ardeur d'un généreux courage;
Tu n'as fait le devoir que d'un homme de bien,
Mais aussi, le faisant, tu m'as appris le mien.
Ta funeste valeur m'instruit par ta victoire;
Elle a vengé ton père et soutenu ta gloire;
Même soin me regarde, et j'ai pour m'affliger
Ma gloire à soutenir, et mon père à venger.

Hélas ! ton intérêt ici me désespère ;
Si quelque autre malheur m'avait ravi mon père,
Mon âme aurait trouvé dans le bien de te voir
L'unique allégement qu'elle eût pu recevoir ;
Et contre ma douleur j'aurais senti des charmes,
Quand une main si chère eût essuyé mes larmes.
....
De quoi qu'en ta faveur notre amour m'entretienne,
Ma générosité doit répondre à la tienne ;
Tu t'es en m'offensant montré digne de moi,
Je me dois par ta mort montrer digne de toi.

RODRIGUE.

Ne diffère donc plus ce que l'honneur t'ordonne,
Il demande ma tête, et je te l'abandonne.
....

CHIMÈNE.

Va, je suis ta partie et non pas ton bourreau.
Si tu m'offres ta tête, est-ce à moi de la prendre ?
Je la dois attaquer, mais tu dois la défendre.
C'est d'un autre que toi qu'il me faut l'obtenir ;
Et je te dois poursuivre, et non pas te punir.
....
Va, je ne te hais point.

RODRIGUE.
  Tu le dois.
CHIMÈNE.
      Je ne puis.
RODRIGUE.

Crains-tu si peu le blâme, et si peu les faux bruits ?
Quand on saura mon crime et que ta flamme dure,
Que ne publieront point l'envie et l'imposture ?
Force-les au silence, et sans plus discourir,
Sauve ta renommée en me faisant mourir.

CHIMÈNE.

Elle éclate bien mieux en te laissant la vie,

Et je veux que la voix de la plus noire envie
Élève au ciel ma gloire, et plaigne mes ennuis
Sachant que je t'adore et que je te poursuis.
Va-t-en, ne montre plus à ma douleur extrême
Ce qu'il faut que je perde, encore que je l'aime.
Dans l'ombre de la nuit cache bien ton départ.
Si l'on te voit sortir mon honneur court hasard ;
La seule occasion qu'aura la médisance,
C'est de savoir qu'ici j'ai souffert ta présence ;
Ne lui donne point lieu d'attaquer ma vertu.

RODRIGUE.

Que je meure.

CHIMÈNE.

Va-t-en.

RODRIGUE.

A quoi te résous-tu ?

CHIMÈNE.

Malgré des feux si beaux qui troublent ma colère,
Je ferai mon possible à bien venger mon père ;
Mais, malgré la rigueur d'un si cruel devoir,
Mon unique souhait est de ne rien pouvoir.

RODRIGUE.

O miracle d'amour !

CHIMÈNE.

O comble de misères !

RODRIGUE.

Que de maux et de pleurs nous coûteront nos pères

CHIMÈNE.

Rodrigue, qui l'eût cru ?....

RODRIGUE.

Chimène, qui l'eût dit ?...

CHIMÈNE.

Que notre heur fût si proche et sitôt se perdît !

RODRIGUE.

Et que si près du port, contre toute apparence,

Un orage si prompt brisât notre espérance !

CHIMÈNE.

Ah ! mortelles douleurs !

RODRIGUE.

Ah ! regrets superflus !

CHIMÈNE.

Va-t-en, encore un coup, je ne t'écoute plus.

RODRIGUE.

Adieu. Je vais traîner une mourante vie,
Tant que par ta poursuite elle me soit ravie.

CHIMÈNE.

Si j'en obtiens l'effet, je t'engage ma foi
De ne respirer pas un moment après toi.
Adieu. Sors ; et surtout garde bien qu'on te voie.

ELVIRE.

Madame, quelques maux que le ciel nous envoie....

CHIMÈNE.

Ne m'importune plus, laisse-moi soupirer ;
Je cherche le silence et la nuit pour pleurer.

(Acte III, scènes I, III, IV.)

Voici les scènes originales dans *la Jeunesse du Cid*:

ELVIRE.

Qu'as-tu fait, Rodrigue ?

RODRIGUE.

Elvire, une malheureuse journée ; mais songe à mon infortune, songe à notre ancienne amitié.

ELVIRE.

N'as-tu pas tué le comte ?

RODRIGUE.

Il est vrai. Il l'a fallu pour mon honneur.

ELVIRE.

Eh quoi ! la maison du mort fut-elle jamais l'asile du meurtrier ?

RODRIGUE.

Jamais de celui qui voulut conserver sa vie ; mais moi, je cherche la mort.

ELVIRE.

Que veux-tu dire ?

RODRIGUE.

Chimène est offensée ; déchiré jusqu'au fond du cœur par ses chagrins, je viens pour satisfaire à la justice et mourir de ses mains, puisqu'aussi bien je suis mort dans son amour.

ELVIRE.

Que dis-tu ? Abandonne ce projet ; nous sommes près du palais, et elle viendra bien accocompagnée.

RODRIGUE.

Que m'importe ? C'est aux yeux de tous que je veux lui présenter ma tête.

ELVIRE.

Quelle étrange idée ! n'y pense plus. Ce serait folie et non courage.

RODRIGUE.

Que veux-tu que je fasse ?

ELVIRE.

Qu'entends-je ? O ciel ! Elle revient. Quelle crainte ! Oui, c'est elle. Dieu m'assiste ! Nous sommes perdus tous deux ! Couvre-toi de cette portière à l'entrée du cabinet.

RODRIGUE.

Tu es charmante. (il se cache.)

ELVIRE.

Une aventure si extraordinaire promet une singulière fin.

(Chimène entre accompagnée de Péranzules; suite.)

CHIMÈNE.

Mon oncle, laissez-moi mourir.

PÉRANZULES.

Je suis au désespoir. Pauvre comte!

CHIMÈNE.

Et laissez-moi seule dans un lieu tel que mes plaintes mêmes ne puissent en sortir. (Péranzules sort avec la suite.) Elvire, c'est avec toi seule que je veux me reposer un peu. Je sens mon mal dans toute mon âme. Rodrigue a tué mon père!

RODRIGUE, à part.

Je m'égare.

CHIMÈNE.

Que ne dois-je pas souffrir en voyant...

ELVIRE.

Achève.

CHIMÈNE.

Que la moitié de ma vie a tué l'autre moitié?

ELVIRE.

Ne peux-tu te consoler?

CHIMÈNE.

Comment me consolerai-je? Si je venge la moitié de ma vie, je perds celle qui me reste.

ELVIRE.

Tu aimes encore Rodrigue? Songe qu'il tua ton père.

CHIMÈNE.

Oui; et dans les fers où je le ferai plonger, il sera mon ennemi adoré.

ELVIRE.

Tu le poursuivras ?

CHIMÈNE.

Sans doute. La mémoire de mon père l'ordonne à ma piété; et ainsi je pleure, cherchant en vain à réparer la perte que j'ai faite pour jamais, en perdant encore ce que j'adore.

ELVIRE.

Comment feras-tu pour concilier ta piété envers la victime et ton amour pour le meurtrier ?

CHIMÈNE.

J'ai du courage. Dussé-je mourir moi-même en le frappant, je le poursuivrai jusqu'à ce que je sois vengée. (Rodrigue paraît et tombe aux genoux de Chimène.)

RODRIGUE.

Il vaut mieux que mon amour constant se rende à toi, et que tu aies la satisfaction de me tuer sans la peine de me poursuivre.

CHIMÈNE.

Qu'as-tu osé ? qu'as-tu fait ? Est-ce une ombre, une vision ?

RODRIGUE.

Perce ce cœur qui toujours fut plein de ton image.

CHIMÈNE.

Jésus ! Rodrigue, Rodrigue en ma maison !

RODRIGUE.

Ecoute-moi.

CHIMÈNE.

Je me meurs.

RODRIGUE.

Lorsque tu m'auras écouté, tu me répondras avec ce fer. (Il lui offre son poignard.) Ton père, le comte Glorieux, qui avait tant de raison de l'être, porta sur les cheveux blancs de mon père une main injuste et téméraire. Et quoique je me visse sans honneur, mon affection dans cette catastrophe inattendue agissait avec tant de force, que l'amour fit un instant hésiter ma vengeance. Dans ce malheur, mon injure et tes attraits luttaient ensemble dans mon cœur, et tu aurais vaincu, Chimène, si je n'avais dû penser que tu abhorrerais, devenu infâme, celui qui n'avait su te plaire que parce qu'il avait de l'honneur. C'est avec cette pensée, sans doute digne de toi, que je plongeai mon fer sanglant dans le sein de ton père; ainsi j'ai recouvré ma gloire. Et maintenant, esclave de l'amour, je suis venu pour que tu n'appelles pas cruauté ce qui a été un devoir pour moi, pour qu'à tes yeux mon changement soit excusé par mes peines, pour que tu prennes vengeance si la vengeance te plaît. Saisis ce fer; et pour montrer une valeur égale à la mienne, fais maintenant pour ton père ce que j'ai fait pour le mien.

CHIMÈNE.

Rodrigue, Rodrigue ! ah ! malheureuse ! Je l'avoue, malgré la douleur qui me déchire, lorsque tu vengeas ton père, tu te conduisis en chevalier. Je ne t'accuse point de ce que je suis infortunée, et je dois me dévouer moi-même à la mort que je ne te donne pas. Mais je te reproche de m'offenser en te présentant à mes yeux alors que mon sang fume encore sur tes mains et sur ton épée. Tu ne t'es point rendu à mon amour; tu as voulu me braver, trop sûr que je t'adorais pour croire que je t'abhorre. Mais va-t-en, va-t-en, Rodrigue. La manière dont je te poursuivrai disculpera mon honneur du crime de te chérir. Il eût été juste que, sans t'entendre, je t'eusse fait donner la mort; mais je suis ton ennemie pour te poursuivre, et non pas pour te tuer. Pars, et, en sortant, prends garde à n'être pas vu, pour ne pas ôter encore l'honneur à celle à qui tu as ôté la vie.

RODRIGUE.

Remplis mes justes désirs : frappe.

CHIMÈNE.

Laisse-moi.

RODRIGUE.

Ecoute. Songe qu'on me laissant vivre, tu te venges plus cruellement qu'en me donnant la mort.

CHIMÈNE.

C'est pour cela que je ne veux pas que tu meures.

RODRIGUE.

Cruelle ! ainsi tu m'abhorres ?

CHIMÈNE.

Je ne le puis, mon destin m'entraîne.

RODRIGUE.

Quels sont tes projets contre moi ?

CHIMÈNE.

Quoique femme, pour ma gloire, ma vengeance

fera tout ce qu'elle pourra, mais je désirerai qu'elle soit impuissante.

RODRIGUE.

Ah ! Chimène, qui l'eût dit ?...

CHIMÈNE.

Ah ! Rodrigue, qui l'eût cru ?...

RODRIGUE.

Que mon bonheur s'évanouirait.

CHIMÈNE.

Que ma félicité finirait. Mais, ô ciel ! je crains qu'on ne te voie sortir. (Elle pleure.)

RODRIGUE.

Que vois-je ?

CHIMÈNE.

Pars, et laisse-moi pleurer.

RODRIGUE.

Je te laisse, je vais mourir.

(Journée IIe, scène IIe.)

Corneille continue de suivre pas à pas Guillem de Castro. Après l'admirable scène qui précède, vient un monologue de don Diègue qui attend son fils dans un lieu désert près de Burgos, puis l'entrevue du père et du fils. Le poète français n'a fait que développer les idées et les sentiments du poète espagnol. Voici la scène espagnole :

XIMENE.

Moins d'anxiété tourmente la jeune brebis qui bêle éloignée du troupeau, moins de fureur agite la lionne qui rugit séparée de ses petits, que mon cœur n'en ressent de l'absence de mon bien-aimé Rodrigue. Errant dans les ténèbres de la nuit profonde, je cours, et je n'embrasse que des ombres vaines. Je lui ai indiqué cependant avec soin ce lieu pour qu'il s'y rendît. M'aurait-il désobéi pour la première fois; non, cela ne peut être... Mille douleurs me déchirent... Sans doute quelque obstacle imprévu l'aura forcé de se détourner... Quel sang glacé pèse sur mon cœur !... Serait-il blessé ou prisonnier ? Serait-il mort ? O ciel ! que de malheurs prévoit ma tendresse ! Qu'entends-je ? est-ce lui ?... non, tant de bonheur n'est pas fait pour moi. Sans doute, ce sont les échos qui répondent à ma tristesse en répétant les accents de ma douleur. Mais non, c'est bien le galop d'un cheval qui retentit sur les cailloux de cette plaine aride. C'est lui ; il met pied à terre. Quel bonheur ! mon fils !

RODRIGUE, entrant.

Mon père !

DIÈGUE.

Est-il vrai que je me retrouve dans tes bras, mon fils ? Je reprends courage pour te louer. Comment as-tu attendu si longtemps ? Déjà mes désirs impatients t'accusaient; mais je t'embrasse, qu'importe la cause de ton retard ; tu es bravement entré dans la carrière ; tu as bien fait, tu as imité mon ancienne valeur; tu m'as bien payé l'être que tu me devais. Touche ces cheveux blancs auxquels tu as rendu l'honneur ! Approche tes tendres lèvres de cette joue dont tu as effacé la tache de mon opprobre. Mon âme s'humilie avec orgueil devant ta valeur ; tu es le conservateur de la noblesse de ce sang qui honora tant de rois de Castille.

RODRIGUE.

Donne-moi ta main à baiser, et relève la tête. C'est à toi que, s'il est en moi quelque force et quelque valeur, on doit en rapporter la gloire.

DIÈGUE.

Ce serait à moi à baiser tes mains. Si mon amour te donna l'existence, ta valeur seule m'a rendu la mienne. Mais changeons de discours; de plus grands intérêts t'appellent. Mon fils, j'ai déjà réuni du monde, va sur le champ de bataille exercer ta valeur avec cinq cents nobles, nos parents, qui tous brûlent du désir de te plaire. Va, l'honneur et la prudence t'en font une loi; va où ils t'attendent montés sur des coursiers généreux. Tu trouveras une bonne occasion d'employer leur courage. D'orgueilleux Maures des frontières dévastent les terres, enlèvent les sujets du roi.... Éprouve ta lance avec autant de succès que tu as éprouvé ton épée. Que le roi, les grands et le peuple ne puissent pas dire que ton bras ne sert qu'à venger les outrages personnels. Sers le roi dans la guerre, ce fut toujours la plus digne satisfaction que pût donner un chevalier que de servir avec zèle le souverain qu'il avait offensé.

RODRIGUE.

Mon père, bénis-moi.

DIÈGUE.

Je vais le faire.

RODRIGUE, à genoux.

Pour pouvoir attendre du succès de mon obéissance, je baise ta main et j'attends ta bénédiction à tes pieds.

DIÈGUE.

Je te la donne, et des mains et du cœur.

(Journée II⁰, scène III⁰.)

C'est en cet endroit que se place la charmante scène où Rodrigue, par des réponses respectueuses et galantes, feint de se méprendre sur les tendres propos de l'infante.

L'INFANTE, seule au balcon d'une maison de plaisance.

Que ces champs, que ces bois sont agréables! Leur vue dissipe les soucis et réjouis le cœur. Dans les plaines, sur les coteaux, on peut découvrir à la fois ici les pampres verdoyants, et plus loin les sombres yeuses.... Que sera devenu Rodrigue? La précipitation de mon départ m'empêcha de savoir de ses nouvelles. Est-il en sûreté? Son danger continue-t-il? Je ne sais ce que j'ai, mais mon âme, occupée de lui, est tourmenté d'une secrète mélancolie.... Mais que vois-je? c'est Rodrigue. Quel bonheur! Dieu te garde, Rodrigue, où vas-tu?

RODRIGUE.

Où me conduit mon destin. Mais il est heureux, puisqu'il m'a mené où je devais avoir le bonheur de te voir.

L'INFANTE.

C'est ce que tu as perdu qui était ton bonheur. On le voit bien à la couleur de tes parures.

RODRIGUE.

Celui qui n'a que des espérances peut porter la couleur du désespoir.

L'INFANTE.

Tu as donc conservé quelque espérance encore?

RODRIGUE.

C'est elle qui m'encourage à te servir.

L'INFANTE.

Tu es sorti du combat sans blessure?

RODRIGUE.

Puisque tu avais daigné me défendre, ne devais-je pas être à l'abri de tous les dangers?

L'INFANTE.

Où vas-tu maintenant?

RODRIGUE.

Vaincre les Maures pour recouvrer la faveur du roi ton père.

L'INFANTE.

Quelle noble vaillance! Qui t'accompagne?

RODRIGUE.

Cette troupe met à ma disposition la vie de cinq cents braves Castillans, et le même sang qui m'anime coule dans les nobles veines de tous ces chevaliers.

L'INFANTE.

Tu es venu aimable, tu vas repartir héros. Tu vaux beaucoup, tu plais beaucoup. Je suis contente, Rodrigue, de te voir ainsi galant et valeureux.

RODRIGUE.

Toute mon âme te rend grâces d'une faveur qui serait divine, si ma bassesse comparée à ton élévation ne flétrissait mes espérances.

L'INFANTE.

Rodrigue, il n'est pas impossible au bonheur d'égaliser des conditions inégales, lorsque la noblesse est la même. Que Dieu te ramène vainqueur! ensuite....

RODRIGUE, l'interrompant.

Je te rends mille grâces.

L'INFANTE.

Qu'ai-je dit?

RODRIGUE.

Tu m'as béni, c'est le garant de ma victoire.

L'INFANTE.

Ma bénédiction! Ah! Rodrigue, si mes bénédictions t'atteignent, tu seras toujours heureux.

RODRIGUE.

Il suffit à mon bonheur, adorable Infante, de les avoir reçues.

L'INFANTE.

Je n'ai d'autre mérite que la sincérité de mes vœux pour toi. Puisse Dieu te conduire! Puisse-t-il te donner du bonheur comme il t'a donné du courage! Puisse le nombre de tes victoires le disputer à celui des étoiles! Que le soleil lui-même les écrive avec la plume de la renommée dans toute l'étendue du monde. Et surtout sois sûr que je te protégerai au péril de ma vie. Mes promesses ne sont pas comme les plumes de ton panache que tu abandonnes au vent.

RODRIGUE.

J'adore la terre où s'arrêtent tes regards, puisque je ne puis baiser celle où s'impriment tes traces. Que le ciel prolonge tes jours! Que le monde entier répète tes louanges, et que la fortune te donne, s'il se

peut, encore plus de bonheur que tu ne le mérites!
Je pars sous tes auspices; en ton nom je vaincrai le
malheur qui me suit, et je vais chercher à gagner les
nombreuses batailles que tu m'as annoncées.

L'INFANTE.

Souviens-toi de mes vœux.

RODRIGUE.

On n'oublie pas ce qui est céleste.

L'INFANTE.

Que de Dieu te guide!

RODRIGUE.

Que Dieu te protége!

L'INFANTE.

Marche avec confiance.

RODRIGUE.

Ta voix me l'inspire. Que toute la terre te loue!

L'INFANTE.

Que tout le ciel te bénisse! (Journée II°, scène IV°.)

Après cette piquante entrevue, Guillem de Castro nous fait assister, en partie, à la défaite des Maures. Puis le spectateur est ramené au palais de Fernand, où l'on est témoin d'un accès de fureur de don Sanche, fils du roi. Cet épisode, on le sait, est destiné à préparer le second drame de *la Jeunesse du Cid*. La cour apprend la victoire de Rodrigue, et c'est le roi des Maures qui en fait lui-même le récit. Il donne à Rodrigue le nom de Cid. En ce moment entre Chimène qui vient demander justice.

Cette partie du drame est celle dont Cornaille s'est le plus éloigné. Cela devait être. La règle des unités ne lui permettait pas une aussi grande liberté d'allure. A cette nécessité de la tragédie française nous devons une scène intéressante entre Chimène et Elvire, qui apprend à sa maîtresse la victoire de Rodrigue, une scène froide et inutile entre l'Infante et Chimène, et enfin l'admirable récit de Rodrigue. Chimène vient alors pour la seconde et dernière fois se plaindre au roi, comme dans la pièce espagnole. C'est là que le roi s'assure par un stratagème de de l'amour de Chimène; et que celle-ci, dans son dépit, demande un champion pour sa querelle.

CHIMÈNE.

Sire, on pâme de joie ainsi que de tristesse,
Un excès de plaisir nous rend tout languissants,
Et quand il surprend l'âme il accable les sens.
....
Puisque vous refusez la justice à mes larmes,
Sire, permettez-moi de recourir aux armes;
C'est par là seulement qu'il a su m'outrager,
Et c'est aussi par là que je me dois venger.
A tous vos cavaliers je demande sa tête.
Oui, qu'un d'eux me l'apporte et je suis sa conquête.
Qu'ils le combattent, Sire, et, le combat fini,
J'épouse le vainqueur, si Rodrigue est puni.

(Acte IV, scène V.)

Dans Guillem de Castro, le stratagème est employé à la troisième plainte de Chimène, lorsque l'infante Urraque, dans une confidence faite au noble Arias, a révélé l'amour secret de Chimène pour Rodrigue. Chimène s'exprime ainsi après sa défaillance;

CHIMÈNE.

Sire, la satisfaction et la pitié peuvent également émouvoir l'âme, et un plaisir inattendu saisit autant qu'une peine subite. En recevant ces nouvelles, c'est le plaisir et non la douleur qui a troublé mon âme; et, pour te le prouver, depuis la première cité de ces royaumes jusqu'au moindre village, dans les champs et sur la mer, ordonne qu'en mon nom et sous l'assurance du tien, on publie solennellement qu'à celui qui m'apportera la tête de Rodrigue de Bivar, je lui donnerai, avec tous les biens que possède la maison d'Orgaz, ma main, s'il est d'une condition égale à la mienne, et sinon, la moitié de ma fortune et l'assurance de ma protection. Et si tu n'y consens, ô roi, la Castille et les pays étrangers t'accuseront non-seulement de m'avoir enlevé l'honneur, mais de n'avoir ni prudence, ni raison, ni justice, ni pitié.

LE ROI.

Vous avez fait une demande bien hardie. C'est bon, cessez de vous plaindre; j'y penserai.

DIÈGUE.

Et moi aussi, seigneur, je supplie ta majesté de satisfaire aux vœux de Chimène en faisant cette proclamation, et en assurant le terrain aux champions sur ta parole royale. Ces menaces ne me donnent aucun souci. La tête de Rodrigue de Bivar est placée bien haut, et celui qui pourra l'atteindre sera un géant comme on en trouve peu dans le monde.

LE ROI.

Puisque les parties sont d'accord, allez, Chimène, faites faire cette publication à votre volonté.

CHIMÈNE.

Je baise vos pieds, seigneur.

ARIAS.

Quel grand cœur de femme!

DIÈGUE.

Le monde n'a pas son égale.

CHIMÈNE, à part.

Je t'immole ma vie, honneur! Pardonne si je ne puis faire davantage. (Journée IIIe, scène Ire.)

Ici se place l'épisode du lépreux qui achève la peinture du chevalier chrétien. Ensuite don Martin Gonzalez, ambassadeur d'Aragon, vient proposer au roi Fernand de remettre la possession de Calahorra aux chances d'un combat singulier. Rodrigue relève le défi, au grand contentement du fanfaron Martin; qui espère, du même coup, reprendre Calahorra et conquérir Chimène. « Par Dieu! il m'a paru que Chimène était très-bien. Par le ciel, sire, tu verras la tête de Rodrigue dans ses mains, et moi dans ses bras. » Les champions se rendent au lieu fixé pour le duel. Pendant ce temps, Chimène confie ses terreurs à Elvire.

CHIMÈNE.

Il n'est plus, ma chère Elvire, de consolation pour mon cœur.

ELVIRE.

De quoi te plains-tu? Tu l'as voulu toi-même.

CHIMÈNE.

Ah! ciel!

ELVIRE.

Pour accomplir les lois de l'honneur, pour imposer silence au peuple, ne suffisait-il pas de poursuivre par les moyens ordinaires de la justice celui qui t'a ravi ton père et l'espoir de ton bonheur, plutôt que de l'exposer sans cesse à des dangers si terribles pour sa vie, et qui t'ôtent la tranquillité?

CHIMÈNE.

Que pouvais-je faire? Ah! malheureuse! j'étais amante, j'étais offensée; j'avais été confondue devant le roi, et j'étais troublée de cette humiliation. Une idée s'offrit à moi pour excuser ma faiblesse; je dis de la bouche ces mots dont mon âme n'a pas cessé de gémir, surtout depuis l'orgueilleuse espérance de cet Aragonais.

ELVIRE.

Don Martin Gonzalez a ta vengeance dans sa main, et ta beauté est si profondément empreinte dans son âme qu'il te portera sans doute la tête de son adversaire. C'est un brave qui ne craindrait pas le monde entier. Il est l'effroi des hommes; il est l'épouvantail des enfants.....

CHIMÈNE.

Il est la mort pour moi. Ne le nomme pas, Elvire, prends pitié de mes malheurs. Née sous une étoile funeste, j'ai besoin que tu me consoles : est-ce que Rodrigue ne pourrait pas vaincre? est-ce qu'il manque de valeur? Mais mon infortune est trop grande; c'est la mienne, et... Dieu puissant!

ELVIRE.

Ne vous affligez pas à ce point.

CHIMÈNE.

Oui, j'en suis sûre, ma cruelle destinée retombera sur lui; elle enchaînera ses mouvements, et le livrera dans le combat aux coups de son ennemi.

ELVIRE.

Si sa force et son audace lui ont valu le nom de Cid, son honneur vaincra peut-être la fortune la plus contraire.

CHIMÈNE.

S'il peut surmonter l'influence de mon mauvais sort, ce sera sa plus grande victoire.

UN PAGE, qui entre.

On a porté cette lettre de la part de don Martin Gonzalez.

CHIMÈNE.

Je puis bien dire que c'est la nouvelle de ma mort. (Au page.) Retire-toi. Viens, Elvire.

ELVIRE.

Tu pourras lire cette lettre?

CHIMÈNE.

Je ne sais; en vérité, le trouble m'ôte la vue.

« Chimène, laisse le deuil, prends les vêtements des noces, puisque tu veux que mon bonheur suive la fin de tes peines. Ma valeur te promet la tête de Rodrigue, afin que je devienne esclave de ta volonté et maître de tes charmes. Je pars pour vaincre, pour venger le comte d'Orgaz; attends avec joie une main qui doit être si heureuse. — Don Martin. »

Ah! Dieu, qu'est-ce que j'éprouve?

ELVIRE.

Où vas-tu? tu ne peux parler.

CHIMÈNE.

Je vais m'enfermer dans mon appartement; là je fatiguerai en vain les murs de mes gémissements, de mes soupirs, de mes larmes.

ELVIRE.

Jésus ! dans quel état !

CHIMÈNE.

Je n'y vois plus, je me meurs ! Viens, conduis-moi donc à la porte par où je dois sortir.

ELVIRE.

Où vas-tu ?

CHIMÈNE.

Je suis, j'adore l'ombre de mon ennemi. Ah ! Rodrigue ! ah ! malheureuse ! je te tue et je meurs pour toi.   (Journée IIIe, scène IVe.)

Dans Corneille, Chimène n'a pas cette agitation passionnée. Elle est plus tiède, ce qui surprend un peu après l'aveu qu'elle a fait précédemment : « Sors vainqueur d'un combat dont Chimène est le prix. » Corneille lui fait dissimuler son amour probablement par contraste avec l'explosion qu'amène la méprise de Chimène en voyant don Sanche. Quoi qu'il en soit, la scène n'a pas l'intérêt de la scène espagnole.

CHIMÈNE.

Elvire, que je souffre ! et que je suis à plaindre !
Je ne sais qu'espérer, et je vois tout à craindre.
Aucun vœu ne m'échappe où j'ose consentir ;
Je ne souhaite rien sans un prompt repentir ;
A deux rivaux pour moi je fais prendre les armes,
Le plus heureux succès me coûtera des larmes,

Et quoi qu'en ma faveur en ordonne le sort,
Mon père est sans vengeance, ou mon amant est mort.
. . . .
Elvire, c'est assez des peines que j'endure
Ne les redouble point par ce funeste augure ;
Je veux, si je puis, les éviter tous deux,
Sinon en ce combat Rodrigue a tous mes vœux.
Non qu'une folle ardeur de son côté me penche ;
Mais, s'il était vaincu, je serais à don Sanche.

(Acte V, scène V.)

Dans *la Jeunesse du Cid*, Chimène n'y peut tenir davantage. Impatiente de connaître son sort, elle se rend à la cour, richement habillée, comme si, certaine d'être vengée, elle fêtait la défaite de Rodrigue. Tout à coup un domestique annonce qu'il arrive un chevalier d'Aragon portant à Chimène la tête de Rodrigue.

CHIMÈNE.

Sa vue me tuera.

LE PRINCE.

Vive Dieu ! Je ne laisserai pas un créneau debout en Aragon.

CHIMÈNE.

Ah ! Rodrigue, il me reste encore cette consolation dans mon désespoir. Roi don Fernand, nobles chevaliers, écoutez mon malheur. Je n'ai plus dans mon âme assez de force pour le cacher. Je veux le dire à haute voix, je veux que tout le monde apprenne combien j'ai payé chèrement la gloire de remplir mon devoir, combien mon honneur me coûte. J'aime, j'ai toujours adoré Rodrigue de Bivar, et pour exécuter les lois que pour mon malheur le monde a établies, je l'ai poursuivi jusqu'à la mort, et l'épée qui a tranché sa tête a coupé en même temps le fil de ma vie. Mais puisque je suis si malheureuse, que ta majesté ne permette pas que don Martin Gonzalez me donne, comme époux, sa main sanglante et détestable. Qu'il s'empare de tout mon bien; pour moi, si Dieu ne me rappelle pas à lui, un monastère sera à jamais ma retraite. (Journée III°, scène V°.)

Sous le coup d'une erreur analogue, la Chimène de Corneille s'écrie :

Sire, il n'est plus besoin de vous dissimuler,
Ce que tous mes efforts ne vous ont pu celer.
J'aimais, vous l'avez su, mais pour venger mon père
J'ai bien voulu proscrire une tête si chère.
Votre Majesté, Sire, elle-même a pu voir
Comme j'ai fait céder mon amour au devoir.
Enfin Rodrigue est mort, et sa mort m'a changée
D'implacable ennemie en amante affligée,
J'ai dû cette vengeance à qui m'a mise au jour,
Et je dois maintenant ces pleurs à mon amour.
Don Sanche m'a perdue en prenant ma défense,
Et du bras qui me perd je suis la récompense !
Sire, si la pitié peut émouvoir un roi,
De grâce, révoquez une si dure loi;
Pour prix d'une victoire où je perds ce que j'aime,
Je lui laisse mon bien, qu'il me laisse à moi-même,
Qu'en un cloître sacré je pleure incessamment
Jusqu'au dernier soupir mon père et mon amant..
(Acte V, scène VII.)

On connaît la fin du *Cid* français. Dans le drame

espagnol, c'est Rodrigue lui-même qui, par sa soudaine entrée, rassure tout le monde et explique son message de la ridicule manière citée précédemment. « Je viens d'Aragon, et je ne viens pas sans ma tête... » Heureusement cette défaillance est courte et le dialogue finit d'une façon digne du poète.

CHIMÈNE, à part.

Que deviendrai-je? Ah ! la honte me coupe la voix.

LE PRINCE.

Allons, Chimène, consentez-y à cause de moi.

ARIAS.

Que de vains scrupules ne vous arrêtent pas.

PÉRANZULES.

Ma nièce, cette union est infiniment convenable.

CHIMÈNE.

J'obéirai à ce que le ciel ordonne.

RODRIGUE.

Quelle félicité ! Je suis à toi !

CHIMÈNE.

Je suis à toi !

DIÈGUE.

Bonheur inouï !

L'INFANTE, à part.

Ingrat, je t'oublie à jamais.

LE ROI.

Dès ce soir vous serez mariés par l'évêque de Palencia.

LE PRINCE.

Je serai le parrain de cette noce.

RODRIGUE.

Et c'est ainsi que se terminent la jeunesse du Cid et les noces de Chimène.

III

APPRÉCIATION. — Tels sont les deux Cid français et espagnol. On voit que Corneille, dans les trois premiers actes de sa tragédie, a suivi fidèlement l'ordre des scènes du drame espagnol, et même a traduit le dialogue. Les mots sublimes de Corneille appartiennent presque tous à Guillem de Castro. Les changements que Corneille a faits pour accommoder l'œuvre espagnole à la scène française n'ont pas tous été heureux. Le rôle de l'infante Urraque est complètement manqué. D'autre part, la scène française n'est guère jamais occupée que par deux personnages à la fois. Par conséquent la représentation est loin d'avoir la grandeur et l'intérêt dramatique des vastes tableaux où Guillem de Castro déroule l'action et fait mouvoir ses personnages. Incontestablement Guillem de Castro, dans cette première partie, est supérieur à Corneille.

Les deux derniers actes appartiennent plus en propre à Corneille. L'exigence de la poétique française l'a contraint d'abandonner le poète espagnol et de puiser davantage dans sa propre imagination. Le récit de la bataille et la grande scène entre Chimène et Rodrigue sont à Corneille, rien qu'à Corneille. Guillem de Castro n'a rien, dans la troisième journée, qui soit aussi beau. Le drame, chez lui, prend un caractère plus intimement national. Les légendes populaires et les mœurs de la catholique patrie l'ont marqué d'une empreinte qui n'est qu'à l'Espagne, et à l'Espagne du onzième siècle. Quelle est celle des deux œuvres qui l'emporte sur l'autre dans cette seconde partie? Il est assez difficile de le juger. Car comment être impartial? Un Français, retrouvant mieux dans Corneille la politesse et les mœurs françaises, décidera en faveur de Corneille, tandis qu'un Espagnol, par une raison analogue, donnera la préférence à son compatriote. Dans la région abstraite de l'art, toutes les manifestations du génie se valent, quelle que soit l'époque et le pays. Ce qu'on demande au génie, c'est d'être fidèle à la nature universelle sous les formes diverses et particulières qu'elle revêt dans le temps et dans l'espace.

Ainsi, dans la première moitié, Guillem de Castro est supérieur à Corneille, et dans l'autre il est douteux qu'il lui soit inférieur. Voilà la vérité. C'est donc une première injustice que d'élever Corneille au-dessus de son rival, lequel a sur lui l'immense, l'incomparable avantage d'avoir créé les personnages et le drame. Si Corneille n'est pas supérieur à Guillem de Castro, même après avoir copié une œuvre toute formée, que sera-ce donc lorsqu'on aura vu de quelles sources le génie de Guillem de Castro a fait jaillir son drame?

IV

Le Romancero du Cid. — L'histoire proprement dite n'a rien recueilli de précis au sujet de Rodrigue. Ce sont les légendes populaires qui ont fait du Cid

Campéador le héros de l'Espagne. Elles ont un caractère d'autant plus authentique que les Arabes, dans leurs chants, racontent les mêmes exploits. Or, il n'est pas vraisemblable que les vaincus aient imaginé les mêmes fables et les mêmes prouesses que les vainqueurs eux-mêmes. Les romances du Cid peuvent donc être acceptées comme l'histoire du fameux chevalier, mais c'est de l'histoire populaire. «Les générations travaillant incessamment sur ce modèle idéal l'ont encore idéalisé. Le Cid est devenu peu à peu la personnification la plus noble, le type le plus élevé du caractère espagnol porté à sa plus haute expression. Ses compatriotes aimaient à voir en lui la vive et pure image du Castillan parfait.» (DAMAS HINARD, *Romancero du Cid*.) C'est dans le Romancero du Cid que Guillem de Castro a puisé le sujet de ses deux drames. Or, qu'est-ce qui fait l'intérêt si puissant du premier? Évidemment c'est l'amour mutuel de Rodrigue et de Chimène en lutte avec l'honneur. Détruisez cette lutte intime, à l'instant même l'intérêt s'évanouit. Au lieu d'une tragédie éternellement touchante parce qu'elle est fondée sur d'impérissables sentiments, nous aurions une simple aventure de cape et d'épée, quelque chose de matériel et de froid comme tous les actes où l'épée et l'argent jouent le premier rôle. Les romances du Cid chantent, il est vrai, le point d'honneur, si vif chez les chevaliers, mais elles se taisent sur ce qui fait le charme indestructible de la pièce, c'est-à-dire la lutte entre l'amour et l'honneur. Or, il ne suffit pas qu'un soufflet donné amène un duel pour émouvoir nos âmes. En ce cas, le noble privilége du génie et des grands cœurs appartiendrait au premier spadassin venu. Il fallait donc que derrière l'outrage physique il y eût déchirement de l'âme partagée entre deux généreuses passions. C'est en cela précisément qu'éclate le génie de Guillem de Castro. Rodrigue et Chimène ne s'aimaient point, du moins avant leur union ; et si Chimène, après la mort de son père, demande la main de Rodrigue, ce n'est point par tendresse pour lui, mais dans l'espoir de contracter un riche mariage.

CHIMÈNE DEMANDE RODRIGUE POUR MARI.

Le roi appelé Fernand, était à Burgos, lorsque la Chimène Gomez parut devant le bon roi. Elle s'agenouilla devant lui et parla de cette façon :

« Je suis fille de Don Gomez qui avait un comté à Gormaz. Don Rodrigue de Bivar l'a tué avec vaillance. Je viens vous demander une grâce que vous me ferez en ce jour. Et cela est que ce Don Rodrigue, je vous le demande pour mari. Je me tiendrai pour bien établie et m'estimerai très-honorée. Car je suis sûre que son bien doit aller s'améliorant et devenir le plus considérable qu'il y aura dans votre royaume. »

(Romance XIIe, traduction de M. DAMAS HINARD.)

Rodrigue, de son côté, s'il aime Chimène devenue sa femme, n'avait pas moins d'indifférence pour elle avant la cérémonie nuptiale. À l'épouse parce que le roi le veut et lui promet mainte grâce et beaucoup de terres.

MÊME ROMANCE.

Le roi sortit pour le recevoir, car il l'aimait très-fort, et lui dit : « Je vous remercie de la venue. Voilà Chimène Gomez qui vous demande pour mari, en vous pardonnant la mort de son père. Épousez-la; je vous prie, j'en aurai une grande joie. Je vous accorderai mainte grâce, et vous donnerai beaucoup de terres. » — « Avec plaisir j'obéis, roi et seigneur, répondit don Rodrigue, et en ceci, et en tout ce qui sera votre volonté. » Le roi lui en fut reconnaissant, et on les maria. (Romance XIIe.)

Une autre Romance dit que Rodrigue préféra Chimène à l'infante parce que Chimène était plus riche et qu'il aima mieux *le bien que l'honneur*. Nous voilà bien loin de la Chimène et du Rodrigue tels que le théâtre en a gravé dans notre esprit l'indélébile image. C'est que ces beaux sentiments et ces paroles sublimes qui nous font tressaillir d'admiration ne sont pas ceux du vrai Rodrigue, de l'historique Chimène, mais bien ceux de Guillem de Castro. C'est que le Rodrigue et la Chimène qui nous ravissent d'enthousiasme ne sont pas les enfants d'un siècle encore barbare, mais ceux du poète espagnol et des mœurs polies de son temps.

Les événements qui font le nœud, les péripéties et

le dénouement du drame, Guillem de Castro les a empruntés à la légende, en les modifiant comme l'exigeait son propre goût et celui de ses contemporains. Autant qu'il l'a pu, il a conservé le texte même de la Romance afin que le public retrouvât, sous les transformations, le type consacré par les chants nationaux. Don Diègue a reçu le soufflet.

COMMENT DIÈGUE LAYNEZ ÉPROUVA LE COURAGE DE SON FILS RODRIGUE.

Diègue Laynez pensant tristement à l'outrage qu'a reçu sa maison, noble, riche et ancienne; et voyant que les forces lui manquent pour la vengeance, et que son grand âge l'empêche de la prendre par lui-même, il ne peut dormir la nuit, ni goûter à aucun mets, ni lever les yeux de dessus terre, et il n'ose plus sortir de sa maison. Il ne parle pas non plus à ses amis; au contraire, il évite de leur parler, craignant que le souffle de son infamie ne les offense. Étant donc aux prises avec ces inquiétudes de l'honneur, il voulut faire une expérience, laquelle ne lui fut pas contraire. Il fit appeler ses enfants, et sans leur dire un seul mot, leur serra à l'un après l'autre leurs nobles et tendres mains. Empruntant des forces à l'honneur, malgré l'affaiblissement de l'âge, son sang refroidi, ses veines, ses nerfs et ses artères glacées, il les serra de telle sorte qu'ils dirent : « Assez, seigneur. Que voulez-vous, ou que prétendez-vous ? Lâchez-nous au plus tôt, car vous nous tuez. » Mais quand il vint à Rodrigue, l'espérance du succès qu'il attendait étant presque morte dans son sein; les yeux enflammés, tel qu'un tigre furieux d'Hircanie, plein de rage et d'audace, Rodrigue dit ces paroles : « Lâchez-moi, mon père, à le malheure; lâchez-moi à le malheure; car si vous n'étiez mon père, il n'y aurait pas entre nous satisfaction en paroles. Loin de là, avec cette même main, je vous déchirerais les entrailles en faisant pénétrer le doigt en guise de poignard ou de dague. » Le vieillard, pleurant de joie, dit : « Fils de mon âme, ta colère me calme et ton indignation me plaît. Cette résolution, mon Rodrigue, montre-la à la vengeance de mon honneur, lequel est perdu s'il ne se recouvre par toi et ne triomphe. » Il lui conta son injure et lui donna sa bénédiction et l'épée avec laquelle Rodrigue tua le comte, et commença ses exploits.

(Romance Ire.)

LE CID PREND UNE ÉPÉE POUR VENGER SON PÈRE.

.... « Fais état, valeureuse épée, que mon bras est celui de Mudarra-le-Castillan et que tu combats avec mon bras parce que l'injure est la mienne. Je sais bien que tu seras honteuse de te voir ainsi dans ma main, mais tu ne pourras être honteuse d'avoir reculé d'un seul pas; tu me verras armé dans le champ aussi fort que ton acier, aussi brave que le premier qui t'a portée : tu as recouvré un second maître. Et si quelqu'un vient à te vaincre, irrité de ma maladresse, plein de fureur, je te cacherai dans mon sein jusqu'à la garde. Allons au champ; il est l'heure de donner au comte Loçano (glorieux) le châtiment que méritent une main et une langue aussi infâmes. » Le Cid va déterminé, et va si bien déterminé que, dans l'espace d'une heure, il resta vengé du comte.

(Romance IIe.)

LE CID ADRESSE DE VIFS REPROCHES AU COMTE GLORIEUX.

« Il n'est pas d'un homme sage ni d'un véritable infançon (chevalier de bon lignage) d'insulter un gentilhomme qui est plus estimé que vous. Ce n'est pas sur des hommes anciens, que les élans impétueux de votre audace si farouche doivent exercer leur fureur juvénile. Ce n'est pas un beau fait aux hommes de Léon que de frapper au visage un vieillard et non à la poitrine un infançon. Vous saurez que c'était mon père, descendant Layn Calvo; et qu'ils ne souffrent pas les injures, ceux qui ont de bons blasons.

« Mais comment vous êtes-vous attaqué à un homme envers lequel, moi étant son fils, Dieu seul pouvait agir ainsi; tout autre, non? Vous avez couvert sa noble face d'un nuage de déshonneur; mais moi, je dissiperai le nuage, car ma force est celle du soleil. Il faut que le sang lave la souillure faite à l'honneur; et ce sang, si je ne me trompe, doit être celui du malfaiteur. Ce sera le vôtre, comte tyran, puisque sa vivacité, en vous ôtant votre propre raison, vous a porté à l'injustice. Vous avez porté la main sur mon père, avec fureur, devant le roi. Songez que vous l'avez outragé, et que moi, je suis son fils.

« Vous avez fait une méchante action, comte; je vous défie comme traître ; et voyez si, lorsque je vous attends, vous me causez quelque peur. Diègue Laynez m'a fait bien purifié dans son creuset; je prouverai sur vous, sur votre cœur lâche et faux la pureté de ma noblesse. La hardiesse que vous donne votre habileté dans les combats ne vous servira de rien, car j'ai pour me battre mon épée et mon cheval. »

Voilà ce que dit au comte Loçano le brave Cid Campéador (batailleur) qui depuis mérita ce nom par ses hauts faits. Il lui donna la mort, lui coupa la tête, et avec elle s'agenouilla content devant son père.

(Romance IIIe.)

La Romance où don Diègue outragé attend le retour de Rodrigue est pleine d'une sauvage beauté.

LE CID SE PRÉSENTE DEVANT SON PÈRE APRÈS L'AVOIR VENGÉ.

Diègue Laynez pleurant se tient assis devant sa table, versant des larmes amères et pensant à son affront. Et le vieillard agité, l'esprit toujours inquiet, faisait déjà lever de ses craintes honorables toutes sortes de chimères, lorsque vint Rodrigue avec la tête du comte coupée, ruisselante de sang, qu'il tenait par la chevelure. Il tire son père par le bras, le fait revenir de sa rêverie, et, avec la joie qu'il apporte, lui dit de cette façon : « Vous voyez ici la mauvaise herbe afin que vous en mangiez de la bonne. Ouvrez les yeux, mon père, et levez le visage; car voilà que votre honneur est assuré, et qu'il vous ressuscite de la mort avec la vie : sa tache est lavée malgré l'orgueil de l'ennemi. Maintenant il y a des mains qui ne sont plus des mains, et cette langue maintenant n'est plus une langue. Je vous ai vengé, seigneur; car la vengeance est sûre quand le bon droit vient en aide à celui qui en est armé. » Le vieillard s'imagine qu'il rêve cela. Mais il n'en est pas ainsi, il ne rêve pas; seulement l'abondance de ses larmes lui fait voir mille images. A la fin, pourtant, il leva ses yeux, qu'offusquaient de nobles ténèbres, et reconnut son ennemi sous la livrée de la mort. « Rodrigue, fils de mon âme, recouvre cette tête de peur que ce ne soit une autre Méduse qui me change en rocher, et que mon malheur ne soit tel qu'avant de t'avoir remercié mon cœur se fende avec un si grand sujet de joie ! O infâme comte Loçano ! le ciel me venge de toi, et mon bon droit a donné contre toi des forces à Rodrigue. Sieds-toi à table, mon fils, où je suis, au haut bout; car celui qui apporte une telle tête doit être à la tête de ma maison. » (Romance IVe.)

On a beaucoup accusé Corneille d'indécence, parce qu'il fait épouser Chimène à Rodrigue. D'abord Chimène n'épouse pas le Cid dans les vingt-quatre heures ; elle demande un délai d'un an. Ensuite, quand même elle l'eût épousé, la critique n'en serait pas plus fondée. Nous nous mettons toujours pour juger les choses à un point de vue étroit, celui de nos idées actuelles, de nos mœurs présentes. Ce n'est pas là de la justice, ni de l'intelligence. On ne doit pas séparer les hommes de leur époque. Or, en ce temps-là, rien n'était plus commun, ni plus légal, que de voir la fille, la veuve ou la femme de la victime épouser le meurtrier. Celui-ci appartenait à l'offensée ; elle pouvait, à son gré, le tuer ou l'épouser. Simple commutation de peine, dira-t-on ! Soit ; mais c'était là le droit du temps, et Chimène en a usé.

MARIAGE DE CHIMÈNE ET DE RODRIGUE.

.... Les fiancés arrivèrent ensemble ; et au moment de donner à la mariée sa main et le baiser, le Cid, la regardant, lui dit tout ému : « J'ai tué ton père, Chimène, mais non en trahison ; je l'ai tué d'homme à homme pour venger une injure trop réelle. J'ai tué un homme et je te donne un homme ; me voici à tes ordres ; et, en place d'un père mort, tu as acquis un époux honoré. » Cela parut bien à tous : on loua son esprit, et ainsi se firent les noces de Rodrigue le Castillan. (Romance XIIIe.)

L'épisode du lépreux appartient aussi aux romances ; mais Guillem de Castro l'a singulièrement modifié. Dans le genre de développement qu'il lui a donné se révèle avec clarté son intention de peindre l'idéal du chevalier. Le lépreux a partagé le repas et la couche de Rodrigue ; il le quitte en lui annonçant la haute fortune qui l'attend. Rien dans l'épisode n'indique la pensée de tracer le tableau des vertus chevaleresques.

APPARITION DE SAINT LAZARE AU CID.

.... « Je suis saint Lazare, Rodrigue ; je viens te parler. Je suis le lépreux à qui tu as rendu un si grand service pour l'amour de Dieu. Rodrigue, Dieu t'aime bien, et il t'a octroyé que ce que tu entreprendras dans la guerre ou dans une autre carrière tu l'accompliras à ton honneur, et que tu croîtras de jour en jour. Tu seras craint de tous, des chrétiens comme des Maures, et tes ennemis ne pourront te nuire. Tu mourras d'une mort honorée, ta personne non vaincue ; c'est toi qui seras le vainqueur. Dieu t'envoie sa bénédiction. » En disant ces paroles, soudain il disparut. (Romance XVe.)

Le duel avec Martin Gonzalez, au sujet de la possession de Calahorra, est aussi emprunté aux romances. Mais Guillem de Castro n'a pris de la romance que le personnage et l'a rattaché à son drame de la manière qu'on sait. On ne voit pas le duel, ce qui était inutile à l'action, mais on assiste aux provocations du matamore et aux terreurs de Chimène, ce dont la romance ne parle point.

V

Conclusion. — Telle est la mine d'où Guillem de Castro a tiré son drame. Les romances lui ont fourni des situations, des personnages; c'est son génie qui a créé les sentiments, le dialogue, l'arrangement des scènes, en un mot, ce système qu'on appelle un drame. On connaît maintenant les pièces du débat. Eh bien! lequel a montré le plus de génie créateur, de Corneille ou de Guillem de Castro? De Corneille copiant en partie, en partie modifiant l'édifice élevé par son prédécesseur, ou de Guillem de Castro qui, de matériaux épars et grossiers, a su construire ce beau monument qu'on appelle *la Jeunesse du Cid?* L'hésitation n'est même pas possible. Corneille est assez riche de son propre fonds sans qu'on le pare des dépouilles d'autrui. Lorsque de quelques pages latines ou d'une légende arménienne on sait faire surgir des chefs-d'œuvre tels que *Polyeucte*, *Cinna* et *Horace*, on n'est inférieur à personne en puissance et en fécondité. Aussi peut-on hardiment rendre à Guillem de Castro la gloire qui lui est due. Quelles que soient les taches de son drame, elles n'effacent point les beautés dont il étincelle. *La Jeunesse du Cid* peut fort bien nous plaire moins que le *Cid* de Corneille, sans qu'au point de vue de l'art ce soit une cause d'infériorité. Le *Cid* de Corneille nous touche davantage par ses mœurs plus françaises, par des péripéties plus voisines de nos habitudes et de nos actions, par un système tragique plus conforme à notre éducation littéraire et aux convenances matérielles du théâtre. Qu'importe! Parce que les œuvres de Shakspeare fourmillent de défauts et ne peuvent même pas être représentées dans leur intégrité sur la scène, Shakspeare en est-il moins le plus grand des poëtes dramatiques?

FIN.

TABLE DES MATIÈRES

Avertissement..	5
La philosophie de la nature dans Buffon et dans B. de Saint-Pierre..	7
Corneille et Racine ont-ils fait parler l'antiquité?....	34
De la trivialité dans le style................................	60
Descartes et Pascal ont-ils fondé la prose française?..	70
Le Néologisme..	85
Le Goût..	91
L'Hôtel de Rambouillet.......................................	108
Influence du Discours de la méthode.....................	119
Sur la critique de Bayle.......................................	130
Sur le rôle utile de l'imagination dans la vie..........	138
Sur Racine et le choix des sujets de ses tragédies grecques..	146
Malheur aux détails!...	152
Pourquoi Bossuet prête-t-il plus à l'imitation que Pascal?...	161
Saint-Simon est-il un grand historien?...................	169
Sur la politique de Spinoza...................................	180
Corneille et Guillem de Castro.............................	215

Paris. Imp. BALITOUT, QUESTROY et C°, rue Nve-des-Bons E. f. 3.

www.ingramcontent.com/pod-product-compliance
Lightning Source LLC
Chambersburg PA
CBHW071603170426
43196CB00033B/1688